거꾸로 한 교육 **탁월함**을 키우다

사람 교육과 세계관의 물줄기를 대는 책동산입니다

거꾸로 한 교육, 탁월함을 키우다

2025년 7월 7일 1판
지은이 이찬형, 이반형, 이상신 / **그림.펴낸이** 이상신 / **펴낸곳** 물댄동산
신고번호 제1994-000025호
소재지 경기도 남양주시 와부읍 덕소로 2번길 39, 108-803

이메일 bananafafa@naver.com
전자책주문 smartstore.naver.com/ibible
후원계좌 075-24-0494-880 국민은행 이상신
디지털 AI 의료 스타트업 <메디아크> https://mediark.io

ISBN 979-11-979393-2-7 00190

책값 ₩15,000

제 1 부 시작이 다르다

제 1 장 생명을 선택하며 살기로 하다 9
제 2 장 세계를 넓히기 위해 배우는 것이다 ... 23
제 3 장 자연에서 배울 것이 많다 47
제 4 장 인생 메시지 65
제 5 장 관계 속에서 배운다 91

제 2 부 탁월함에는 이유가 있다

제 6 장 안 하는 것도 자부심이 있으면 125
제 7 장 능동적인 사람이 되다 139
제 8 장 소모적인 경쟁을 하지 않다 151
제 9 장 제한 받는 가운데 최대 효과를 내다 ... 163
제 10 장 탁월한 사람이 되라 175
제 11 장 대화의 기술을 터득하라 193
제 12 장 능력을 키우라 211

제 3 부 하루하루 자라서 무성한 나무가 된다

제 13 장 구석에서 생각하라 233
제 14 장 칭찬이 사람을 바꾼다 255
제 15 장 불평을 없애는 방법: 감사 271
제 16 장 날마다 기쁨 찾기 281
제 17 장 인생은 여행이다 295

책을 시작하기에 앞서
'아빠' 인생부터

수많은 선택 중에 낯설지만 가장 지고한 선택이라면 결혼이다. 누구든 자기 인생을 예상할 수 없겠으나 광야길을 신혼 첫걸음으로 내딛는 이들은 흔치 않으리라. 하여간 우리 부부는 먹고 사는 일부터 고민해야 할 때 첫째 아이와 둘째 아이가 한 살 터울로 태어났다. 이후 내 인생은 새로운 도전이 시작되었다.
'아빠'가 된다는 것.
묘하게도 우리말 '아빠'는 아람어 '압바'와 발음이 비슷하다. 그 뜻은 '시작'이란 말이다.
그러고 보니 나에게 시작이 되어준 아버지가 계셨다. 헌데 뜻밖에도 뇌혈관질환으로 우리 집에 모시게 되면서 아버지가 아들을 의지하는 거꾸로 관계가 되었다. 집에서 목욕도 시켜 드리고 이발도 아들이 해 드리면서 예전에 몰랐던 아버지에 대한 이해와 사랑이 손바닥에서부터 흘러나왔다. 씻겨 드리고 깎아 드리고 먹여 드리면서 어릴 때 느끼지 못했던 살겨움이 새살 돋듯 생겨났다.
언어장애가 겹쳐 소통하기 어려운 사이이긴 해도 서로 간의 몸짓언어는 신통하게 알아 본다. 4대 독자로 그것도 아버지 나이 42에 태어난 나는 아버지랑 대화다운 대화를 해본 적이 없다.
우직하게 키우셔서 호된 기억밖에 없다.
지금와서 생각해 보면 두 아이 아빠로서 나의 '시작'을 위해 그분은

마비된 몸으로 아들 집을 찾아오셨나 보다. 할아버지 동거기간
중에 아이들의 유치원 생활이 시작되었다.
3년반이라는 동거기간 동안 할아버지는 우리 아이 유아교육을
고스란히 보셨다. 그리고 유치원을 마치고 초등학교 입학하기 직전에
할아버지는 우리와 작별하셨다.
할아버지는 불편한 몸으로 오셨다가 큰 선물을 주고 가신 듯 싶었다.
무얼 보태신 것은 아닌데
아버지 존재에 대한 나의 빈 속을 채우고 가셨다.
할아버지는 나의 시작이 되셨고 나는 아이들의 시작이 되었다.
할아버지의 배려 깊은 작별로 강원도 하사미 분교 입학이 가능해졌다.
또 하나의 시작이다.
그리고 초등학교 졸업 이후 뭔가 모를 자신감으로 시작한 홈스쿨을
아이들은 신통하게 헤쳐나왔다.
이 모든 일에서 아이들의 시작, 아빠가 된다는 것.
매번 그렇지만 나의 아빠 배움은 새로웠다. 본 바 없고 들은 적 없는
아빠 수업을 독학할 때 아내 유릿다의 지지로
여기까지 용기내어 걸어왔다.
내가 특별하다고 여기면 지긋이 눌러주고, 평범하다 여기면 특별하게
생각해 주는 아내 덕에 이 책까지 오게 되었다.
이 책은 바로 아빠 배움 노트가 시작이 되어 성인이 된 아들들이

자기들 교육 이야기를 하며 모은 글들이다.
이 책에는 마음을 다해 동행한 아빠 마음이 배경에 깔려있다.
나는 '아버지를 배우기' 위해 태어난 것 같다.
아빠 위엔 아버지가 있고 그 위엔 또 아버지가 있다. 내가 시작이
되면 그 위엔 나의 시작이 되는 이가 또 존재한다. 이리하여
원초적인 시작까지 거슬러 올라가리라.
나는 '아버지'라는 분을 아는 영광스러운 일에 초대 받았음을 비로소
깨닫는다. 내 인생 다 바쳐 누군가의 시작이 된다는 것.
이보다 지순한 일이 어디 있을까.
나는 그분께 '내 존재의 시작이 되어주셔서 감사하다'는 말을 하고프다.
살아만 계셔도 '당신 손자들'이라며 둘 다 의사가 된, 그것도
서울대병원 출신 의사가 된 손자들을 자랑스럽게 뵈 드릴 텐데.
조만간 우리 아이들도 아버지 됨을 아는 지순한 일에 초대하고 싶다.
이 책에서는 '형'과 '동생'이라는 화자가 등장하여 이야기를 푼다.
홈스쿨 주인공들이 자기 이야기를 말한다. 어릴 적 기억은 엄마 아빠
가 보탰다. 그냥 '형'과 '동생' 그리고 아빠, 엄마의 시선으로 보는
우리 가족의 공동 이야기가 한데 얼버무려져 있다고 보면 된다.

아빠 이상신
첫째 이반형/둘째 이찬형

2025년 7월

제1부 시작이 다르다

제 I 부
시작이 다르다

가지 않은 길　　by Robert Lee Frost

노란 숲 속 두 갈래 길
이 한 몸 나그네인지라
두 길 모두 갈 수 없어
아쉬운 마음 오래 서서
덤불 속 굽어든 한쪽 길 끝까지 바라보다가
다른 길 택하였다네
두 길 다 좋아보여도
이 게 더 나은 길이라 여겼다네
우거지고 발길 적었기에
두 길 모두 닳았을 텐데도
그날 따라 아침에 밟지 않은 낙엽이 쌓였으니
나란히 놓인 두 길
아, 먼저 길은 나중에 가보리라 마음 먹지만
길이 길로 이어지는 법
돌아오리라 생각지 못하네
훗날 어디선가
숨을 몰아쉬며 말하겠지
어느 숲 속 두 갈래 길 있어 난...
남들 가지 않은 길을 택하였다고
그 후로 모든 게 달라졌노라고

제 1 장
생명을 선택하며 살기로 하다

흰 폐렴의 하얀 새벽 - 중환자실에서

전공의 2년차, 중환자실을 지킬 때였다. 설 연휴를 목전에 둔 어느 날, 응급 콜이 울렸다. 전원환자가 발생한 것이다. 국군수도병원에서 이송된 20대 초반의 청년 환자다. 아데노바이러스성 폐렴이 심해졌는데 더 이상 손 쓸 수 없어 서울대병원으로 이송되었다.

이 바이러스는 흔히 감기나 결막염 정도의 경증 증상만을 유발한다. 하지만 특정한 혈청형(특히 7형, 14형 등)은 젊고 건강한 성인에게도 중증 폐렴을 일으킬 수 있다. 특히 군부대, 기숙사 등 밀집 생활 환경에서 발병된 경우 고열, 기침, 호흡곤란과 같은 증상이 빠르게 진행됨과 더불어 예후가 좋지 않다. 아데노바이러스성 폐렴은 면역저하뿐 아니라 건강한 젊은 층에서도 치명적인 경과를 보이곤 한다. 진단과 치료 시기를 놓치면 ARDS(급성호흡곤란증후군)로 급속히 진행해 치명률이 높아진다.

응급실을 통해 중환자실에 올라온 환자는 마스크로 산소를 최대한 공급하고 있음에도 산소포화도 90%을 넘지 않았고, 호흡수는 32회/분, 체온은 38.6도, 의식은 혼미해지고 있었다. 즉각적인 응급처치가 필요했다. 곧장 흉부 X-ray를 지시했다.

영상을 보는 순간 숨이 막혔다. 양측 폐야 전체가 유리 음영으로 가득 차 있었고, 공기 음영은 거의 보이지 않았다. 여러 임상소견을 종합하였을 때 중증 급성호흡곤란증후군 ARDS을 강력히 시사하는 소견이었다.

바로 FiO_2 100%로 산소를 공급하며 기계환기 모드로 전환했다. 이후 폐 순응도를 평가하여 압력조절 환기 PCV 모드로 전환하였고, 폐 보호 전략에 따라 tidal volume은 6ml/kg 이하로 제한하며 산소포화도와 호흡역학 변화를 관찰하였다.

바이러스성 폐렴의 고위험군에서 흔히 발생하는 사이토카인 폭풍을 억제하기 위해 고용량 스테로이드를 고려했지만, 세균성 병발 감염이 의심되어 혈액배양과 객담배양을 시행하고 항생제를 병합 투여하였다. 동시에 시도포비어Cidofovir라는 항바이러스 특수 약제를 투여하기 위해 감염내과와 협의 후 약물 신청서를 긴급 발송했다. 이 약물은 내성 우려와 부작용(특히 신독성)이 높아 정확한 수액 조절과 GFR 모니터링이 필수다.

  환자의 상태는 혈액학적 불안정성까지 동반하며 점점 악화되었다. 노르에피네프린Norepinephrine을 정주하기 시작했다. CVP(중심정맥압)를 측정하며 수액 반응성을 평가하면서 하루에도 여러 번 혈액 검사를 확인해야 했다.

  호흡기 세팅을 하나하나 조정하는 중에 한 사람의 생명 앞에 내가 얼마나 작은 존재인지를 절감한다.

  며칠 간 수치는 매 순간 요동쳤다. 폐의 국소환기를 향상시키고 동맥혈산소분압의 호전을 가져오기 위해 복와위Prone position로 전환시키기도 하였다. 그리고 NO(Nitric Oxide) gas therapy까지 적용하였다.

  고열, 호흡성 산증, 전해질 불균형, 그리고 젖산 상승.

  나는 팀과 함께 마지막 수단으로 체외막산소화장치ECMO를 고려하기 시작했다. ECMO의 설치 시기와 필요성에 대해 심도 깊은 논의가 이뤄졌다. 가족에게도 상황을 설명하였다. 아들의 생명을 구해달라는 눈물 젖은 호소만 들을 뿐이다. 나는 그 간절함 앞에서 가슴이 먹먹해졌다. 간절한 마음의 기도가 절로 나왔다.

"제발 이 친구를 살려주십시오.
제가 할 수 있는 건 다 했습니다.
설날 연휴도 마다하고 제가 곁을 지키겠습니다.
도와주십시오."

 의사가 할 수 있는 모든 것을 했지만, 더 이상은 인간의 손을 벗어났다. 나는 간절한 기도로 생명을 시작하신 이를 붙들었다.
 기적은 그 다음날부터 시작됐다. 믿을 수 없는 일이 벌어졌다. 다음날 청년의 폐가 조금씩 맑아지기 시작한 것이다. 산소포화도가 서서히 상승했고, ABGA 수치가 개선되기 시작했다. 폐포 내 염증이 점차 가라앉았다. X-ray 상에서도 맑은 음영이 서서히 보이기 시작했다.
 호흡 보조기기의 설정값을 점진적으로 낮추면서 'weaning trial'(기기 제거시도)을 시작했고, 환자는 자발적 호흡을 회복하였다. 산소포화도는 확실히 회복세를 보였다. 우리는 설정을 하나씩 낮추며 환자를 천천히 기계에서 떼어냈다. 청년은 인공호흡기 없이 스스로 호흡하였다.
 며칠 뒤 청년은 놀랍게도 병상에 실려 들어간 중환자실을 자기 발로 걸어 나왔다. 그리고 일반 병실로 올라갔다. 그 순간의 전율은 잊을 수 없다. 나는 그 청년의 등을 기억한다. 산소 튜브를 떼고 처음으로 병동 복도를 걸어갔던 뒷모습 말이다. 그 발걸음은 내게 의사의 사명이 무엇인지를 다시 새겨 주었다.

진짜 의사란, 생명을 지키는 것만이 아니라 생명과 함께 끝까지 동행하는 사람이라는 것이다.

나는 지금도 그 길을 걷고 있다.

사선을 넘나드는 중환자실에서 나는 끝까지 생명의 편에 서서 싸웠다.

그런 의사가 나는 좋다.

어렸을 때부터 나는 누구보다도 내 자신이 쓰임 받기를 원하는 아이였다. 나를 필요로 하는 곳에 있고 내가 꼭 해야 할 일을 하며 내가 유익한 사람임을 느끼면 그렇게 행복할 수 없었다.

처음엔 소방관이 되고 싶었다.

위험한 상황에서 사람들을 구하는 모습이 멋져 보였기 때문이다.

그러나 할머니는 걱정스러운 얼굴로 말씀하셨다.

"사람을 돕는 데에는 여러 가지 방법이 있단다."

그 때부터 '의사'라는 직업은 어떨까 생각하게 되었다. 아픈 사람을 치료해주는 사람, 믿음직스럽게 곁에 있어 줄 수 있지 않을까 싶었다.

초등학교 시절, 꿈을 묻는 숙제가 있을 때면 나는 주저 없이 '의사'라고 썼다. 형의 목 근육 한쪽이 갈수록 불룩해져서 걱정스러웠던 때, 진료실에서 의사 선생님이 형에게 말해주던 한마디가 오래도록 기억에 남는다.

"괜찮습니다. 걱정하지 않으셔도 돼요.
전혀 문제 되지 않습니다."

그 짧은 말이 형을 안심시키는 걸 보며, 나는 생각했다. 말 한마디로 사람을 안심시킬 수 있는 존재. 그런 말의 무게와 권위를 지닌 의사가 되고 싶다고 말이다.

단지 병을 고치는 사람이 되고 싶은 게 아니었다. 어떤 상황에서든 그 사람의 곁에 함께 있어 주는 존재가 되고 싶었다.

비행기 안에서 누군가가 쓰러져서 주위 사람들이 당황할 때, 나는 당당히 나서서 돕고 싶었다. 그래서 나는 비행기를 탈 때에 와인을 마시지 않는다. 와인을 마신다면 응급시 구조를 하지 못하기 때문이다.

비행기 안이라도 의사가 필요한 순간에는 맑은 정신으로 가장 먼저 쓰임 받는 사람이길 바랐던 것이다.

의사라는 직업 때문이 아니다.

생명을 선택하며 살기로 결정했기 때문이다.

의학적으로 신체는 '자살'하려는 사람의 의도와 다르게 죽음과 반대되는 생명의 방향으로 행동한다.

마취과 교수가 해준 이야기가 있다.

옛날에 사용했던 에틸계 마취약은 냄새가 고약해서 환자가 무척 싫어했는데 마시지 않으려고 숨을 참고 버텨도 소용없단다.

숨 쉬지 않으려고 꾹 참아도 인체는 한순간 숨을 몰아쉴 수밖에 없다는 것이다. 자살할 때 도구나 불가항력의 조건을 만들었기 때문이지 신체 자체는 자살할 수 없다는 말이다.

다시 말해 죽음이라는 의도는 가지고 있어도 신체는 결코 죽음을 돕지 않는다는 것이다. 따라서 죽음을 향한 의도, 파괴적인 의식만 바꾸면 온 몸은 생명을 향해 적극적으로 나아가게 되어 있다.

나 역시 생명을 향해 적극적으로 나아가는 사람이 되려고 '의사'를 선택하였다.

의학의 길은 길고 험했지만, 특별히 생체징후vital sign를 다루는 내과를 선택한 것도, 가장 넓은 범위의 생명을 다루는 필수 분야이기 때문이다. 감기부터 암까지, 경증부터 중증까지. 내가 원하는 '의사다운 의사'로서 가장 걸맞는 선택이었다.

생명을 선택하며 살기로 한 이후부터 어느 환자를 만나든, 어느 진상 보호자를 대하든, 나는 눈을 마주 대하고 두 손을 꼬옥 잡으며 함께 생명의 길로 나아가자고 독려한다. 내가 끝까지 함께하며 도울 것이라고 말한다.

자전거 위의 여름 - 베트남에서

의대 본과 3학년 여름방학, 나는 친구와 함께 베트남으로 봉사활동을 떠났다. 이름하여 아시아나항공에서 주최하는 '드림 윙즈

프로그램'이다. 정식 의료 활동은 아니었지만, 우리가 가진 재능으로 누군가에게 작은 기쁨을 줄 수 있다면 좋겠다는 생각으로 지원하였다.

나는 기타를, 친구는 바이올린을 챙겼다. 음악으로 아이들과 소통해보자는 아이디어였다. 그래서 영어노래도 작곡하고 색종이와 풍선 같은 학용품도 잔뜩 들고 갔다.

봉사지역은 고엽제 피해 아동들이 모여 있는 재활센터였다. 중등 장애부터 경증까지 다양한 피해 아동들이 있었다. 숙소는 센터에서 자전거로 30분 거리의 시골 마을이다. 아침이면 자전거에 악기를 싣고, 한여름의 뙤약볕 아래를 달렸다. 간혹 비가 오는 날엔 우산도 없이 기타를 등에 메고 빗방울 타격을 즐기며 센터로 향했다. 그 길은 무척 덥고 힘들었지만, 아이들과 눈을 마주치면 언제 그랬냐는 듯이 에너지가 솟았다.

센터는 열악했다. 에어컨도 없었다. 덥고 습한 공기 속에서 아이들은 작은 선풍기 바람을 의지해 하루를 견디고 있었다. 땀이 줄줄 흐르는 가운데, 아이들은 음악에 맞춰 손뼉을 치고, 수줍게 웃으며 리듬을 따라 했다.

색종이로 종이접기를 가르쳐주고, 풍선을 나눠주며 함께 놀았다. 우리에게는 하찮은 소품이, 이들에게는 세상에나 그렇게 재미있는 물건이 될 줄이야. 난생 처음 풍선이라는 것을 불어 보는 아이들이었다.

아이들과 보낸 시간은 단순한 위문방문 이상의 것이었다. 아이들과 같은 눈높이에서 뛰놀며 얻은 유대감은, 진료실에서 마주하는 환자들과는 또 달랐다.

그곳에서 의료 행위는 없었다.

그러나 그들과 함께 보낸 따뜻한 시간, 서로 웃고 손을 맞잡았던 기억은 내게 '같이 하는 가치'가 무엇인지 알려 주었다.

병을 고치는 의사가 아닌, 사람을 품는 의사.

그들과 함께 웃고, 땀을 흘리며 논다는 것. 그것은 생각보다 많은 걸 가르쳐 주었다.

진료 없이도 누군가에게 위로가 되는 일.

의사가 아니라도 사람을 사람답게 대하는 법.

생명을 사랑하는 방법은 다양하다.

자전거에 기타를 메고 작열하는 태양의 열기 속을 오고갔던 길 하며, 등에 땀이 주룩 흘러내리던 순간조차 감사하고 행복했다.

봉사에서 돌아온 후, '작지만 깊은 관계'가 어떤 것인지 그 여운이 오래갔다.

그곳 세상을 바꾸진 않았다.

하지만 적어도 누군가의 하루를 바꿀 수 있었다.

'치료'라는 행위는 꼭 병원 안에서만 일어나지 않는다.

한 사람 한 사람 사랑으로 다가간다면 생명의 일은 다양한 만남 속에서 이루어진다.

나는 어느 처지에서든 생명을 선택하는 의사가 되고 싶었다.

마을 너머의 꿈 - 캄보디아에서

2018년, 레지던트 4년 차였다. 고단한 병원 생활 속, 일 년에 한 번뿐인 소중한 휴가를 위해 비행기 티켓도 예매하고 여행을 준비하였다. 하지만 예상치 못한 한 통의 소식이 나를 움직였다.

의과대학 시절 참여했던 의료봉사 동아리에서 캄보디아 의료봉사를 가는데 의대생과 간호대 학생들이 모인 팀에 정작 의사가 없었다. 마침 나의 휴가 시기와 정확히 겹쳤다. 나는 친구에게 양해를 구하고 취소 수수료까지 부담하며 항공권을 취소시켰다. '생명을 선택하며 사는 사람'에 대한 갈망이 나를 캄보디아로 이끌었다.

도착한 캄보디아는 모든 것이 낯설고 뜨거웠다. 습기를 머금은 공기, 마을을 가로지르는 비포장도로, 그리고 매일 같이 이동하는 봉사 일정. 우리는 지프차를 타고 새벽같이 출발했다. 이름조차 생소한 마을에 도착해 진료소를 차렸다. 짧은 공지 하나에도 수십, 수백 명이 몰려들었다. 어르신부터 어린 아이까지 의료의 손길을 기다리고 있었다. 주어진 시간은 늘 부족했고, 통역을 맡은 현지 의대생의 도움이 필수적이었다.

그 통역 학생은 킬링필드 시기에 아버지를 잃고, 어머니는 본인을 낳다가 돌아가셔서 할머니와 함께 살아가는 청년이었다. 선교사의 도움으로 학업을 이어왔지만, 후원이 끊기며 학업 중단 위기에 놓여 있었다. 나는 그 사정을 듣고는 망설임 없이 등록금을 후원하기로 하였다.

　진료가 없는 시간에는 내가 알고 있는 진료에 관한 의학적인 지식을 전해주었다. 그는 열심히 기록하며 배움의 갈망을 보였다. 몇 년 뒤, 그는 진짜 현지 의사가 되어 마을의 의료를 책임지는 사람이 되었다.

　이 경험은 내게 일시적인 구호가 아닌, 장기적인 자립을 위한 의료가 필요하다는 깨달음을 주었다. 의료봉사가 마을 사람들에게 도움을 주기는 하지만, 지나치면 의존하게 만들 수 있다는 사실을 알게 된 것이다. 현지인 스스로 자립할 수 있는 시스템과 더불어 단발적이지 않은 지속가능한 구조와 교육 모델이 함께 필요했다.

　나는 한국에 돌아와 마음을 다잡았다. 단순한 병원이 아닌, 의료 인프라를 구축하는 그룹을 만들어야겠다고 말이다. 또 IT 기술을 접목시켜 더 많은 이들에게 접근할 수 있어야 했다.

　왜냐하면 내가 본 현실은 의료인이 턱없이 부족해서 아픈 사람들은 방치되었는데 많은 사람들이 휴대전화를 가지고 있다는 것이다. 그런데 정작 의사의 얼굴을 평생 한 번도 본 적 없는 사람들이다. 내가 들어간 마을이 모두 그랬다. 정기적인 진료는 커녕 열병 때문에 병원을 단 한번도 가본 적 없는 사람들이다. 평생 한번도 '의사'라는 사람과 대면해본 적이 없어서 진료 도중 나와 눈이라도 마주치면 떨린다고 사람들은 말한다.

　의료접근성과 교육이 단절된 곳에서 정보기기의 보급만으로 전혀 해결되지 않는 것을 보여준다. 만성질환 관리나 건강 상담은 물론이고 간단한 감염증 하나로도 생명을 잃는 일이 반복되는 곳이다. 의료는 단절되어 있었고, 접근성은 너무나도 낮았다.

IT 기술은 그런 한계를 넘을 수 있는 열쇠가 된다.

AI 기반의 문진을 통한 초진 평가, 맞춤형 건강정보 제공 플랫폼 같은 기술이 도입된다면, 설령 그 지역에 의료진이 없더라도 최소한의 의학적 판단은 도울 수 있다. 응급 시 대처 방법을 알려주거나, 언제 어느 병원에 가야 하는지 안내하는 것만으로 수많은 생명을 지킬 수 있다.

더 나아가 이러한 시스템은 현지 의료인 양성에도 기여할 수 있다. 디지털 플랫폼은 교육 도구가 되기도 하며, 지속적인 원격 멘토링을 가능케 한다. 현지인을 위한 교육과 기술 기반의 독립적 시스템이야말로 진정한 자립을 가능하게 할 것이다.

나는 의료와 IT를 결합해, 더 많은 사람에게 다가가는 시스템을 만들고 싶었다. 그것은 단순한 기술 도입이 아니라, 모두가 건강하며 생명을 누리는 세상으로 나아가는 것이다.

마침내 우리 의사 형제는 디지털 의료 IT 스타트업 〈메디아크〉를 창업하여 서비스를 시작하였다. 낙후된 지역뿐 아니라 공공의료가 필요한 곳이라면 세계 어느 곳을 막론하고 활용할 수 있도록 AI 문진부터 건강정보까지 번역 서비스를 포함한 시스템을 구축하였다. 여행자는 물론이고 현지인들이 병원 진료부터 약국 방문까지 쉽게 스마트폰과 PC로 이용 가능하도록 만들었다.

필요만 느끼던 꿈 같은 일이 현실화 되기 시작했다. 뜻을 같이 한 투자자들의 힘이 모아져 해외 진출을 추진하고 있다.

캄보디아에 봉사하러 들어간 지 10여년이 된 어느 한국인 정형외과 의사 선생님을 의료봉사 기간 중에 우연스레 만났다. 그분 말씀 또한 의미 깊었다.

"for them이 아니라 with them."

우리는 흔히 그들을 '위해서' 봉사한다고 말하지만, 진짜 중요한 건 그들과 '함께' 하는 자세라는 것이다.
정형외과 선생님은 이렇게 말씀하셨다.
"우리는 현지에 무언가를 해주러 가는 사람들이 아닙니다.
현지인이 자기 힘으로 설 수 있도록 곁에서 지지해주는 사람들이어야 합니다.
그들이 필요한 것은 일시적인 선물이 아니라, 자신감을 심어주는 교육이고, 지속 가능한 변화입니다."

그분은 현지에서 오랜 시간 청년들을 후원하고 한국으로 유학을 보내며, 단 한 사람이라도 지역 사회를 바꿀 수 있는 지도자로 자라나길 꿈꾸고 있었다. 그분의 방식은 단순히 진료를 해주는 것이 아니라, '진료를 할 수 있는 사람'을 세우는 일이었다. 심지어 의료 시범도 본인이 나서기보단, 현지인 리더를 교육시켜 직접 마을 사람들을 돕게 만들었다.

"여러분이 앞에 서서 해줄 필요가 없습니다. 사람들 옆에서 같이 있어 주고, 같이 생활하는 것이 중요합니다. 보여주는 봉사가 아니라 함께 하는 봉사가 오래 갑니다."

"for them이 아니라 with them."

흔히 그들을 위해서' 봉사한다고 하지만, 진짜 중요한 건 그들과 '함께' 하는 자세다.
마을을 찾아갔을 때, 준비한 물품을 나눠주는 대신 그들을 오래 안아주며 기도하라는 그분 말씀이 나를 사로잡았다. 언어가 통하지 않아도, 기도와 포옹이 마음을 전달한다는 것이다. 그러면 현지인들은 진심어린 사랑을 느끼며 기억 속에서 잊지 않는다고 하였다.
생명을 선택하며 살기로 한 나에게 이제 한 가지 방식이 더 보태졌다.

'더불어 함께 하자 with them'

캄보디아 여정은 내 삶에 진한 향기를 남겼다.

제 2 장
세계를 넓히기 위해 배우는 것이다

경쟁 사회로 돌입하기에 앞서 만반의 준비를 갖추는 것이 학교 교육이라면 우리는 일단 초등학교에서 멈추었다. 중학교 입학을 다시 생각해야 했다. 인생을 설계 단계부터 곰곰이 살펴봐야 한다.

건축하기 전에 먼저 내가 살고 싶은 집은 무엇인지, 살고 싶지 않은 집은 무엇인지 따져 봐야 한다.

어떤 것을 원하는지, 어떤 것을 원하지 않는지.

어떤 사람이 되고 싶은지, 또 되고 싶지 않은 사람은 무엇인지 말이다.

◆우리는 경쟁 관계 속에 치열하게 살면서 견제하고 남이 못하기를 바라는 치졸한 사람이 되고 싶지 않았다.
◇우리는 서로 만나 협력하며 성장하고 남이 못할 때 기꺼이 도와주는 아름다운 삶을 배우고 싶었다.

◆우리는 시스템과 줄서기가 승패를 좌우하는 세계에서 살고 싶지 않았다.
◇우리 고유의 능력을 충분히 발휘할 수 있는 창조적인 세계에서 살고 싶었다.

◆우리는 시스템에 억눌려 능력 발휘는 커녕 뭘 해보려 하지도 않는, 무작정 무계획의 꿈 없는 사람이 싶지 않았다.
◇우리는 인생을 자유롭게 계획하고 꿈을 펼칠 수 있는 세상을 만들고 싶었다.

◆우리는 쫓아가기에도 지칠 정도로 바쁘게 살면서 왜 그래야 하는지 모르는 사람이 되고 싶지 않았다.
◇우리는 열심히 살아야 하는 이유를 가진 목적 있는 사람이 되고 싶었다.

◆우리는 경우의 수만 따지며 탁상공론을 하는 복지부동의 수동적 인간이 되고 싶지 않았다.
◇우리는 변화시킬 수 있는 것은 적극적으로 변화시키며 보다 나은 세상을 창조해 가는 능동적인 사람이 되고 싶었다.

◆우리는 자기 것만 챙기고 남은 아랑곳하지 않는 이기적인 사람이 되고 싶지 않았다.
◇우리는 남이 울 때 자기도 슬퍼하고 남이 기쁠 때 함께 즐거워하는 공감하는 사람, 서로 존중하고 배려하는 사람이 되고 싶었다.

◆우리는 오늘을 준비하지 않고 막막한 내일을 맞이하는 사람이 되고 싶지 않았다.
◇우리는 오늘을 충실하게 살며 오늘부터 행복한 사람이 되기를 바랐다.

◆우리는 무절제한 생활로 자신의 삶을 망가뜨리는 무책임한 사람이 되길 원치 않았다.
◇우리는 자신의 삶을 고귀한 선물로 여기며 기꺼이 제한도 받아들이되 가장 가치 있고 영예로운 삶을 일구는 사람이 되고 싶었다.

♦우리는 상황에 따라 자기를 합리화시키며 자기 영달을 노리는 기회주의자가 되고 싶지 않았다.

◇우리는 세상에 진리가 존재하며 진리의 빛을 따라 진실되게 사는 삶이 결코 손해 보지 않는다는 것을 알려주고 싶었다.

♦우리는 문명의 상위 엘리트 계층에 속해야 성공이라 여기고 그렇지 않은 평범함은 패배자인 것처럼 살고 싶지 않았다.

◇우리는 평범한 삶이 아름답고 자유로우며, 자신이 누리는 혜택이라면 그보다 못한 사람과 항상 나눌 수 있는 아름다운 사람이 되고 싶었다.

♦우리가 성공하면 뭔가 특별한 사람인양 대우받으며 사는 사람이 되고 싶지 않았다.

◇우리는 은혜를 받은 만큼 겸허함 속에 격의없이 인간미 있게 사는 따뜻한 사람이 되고 싶었다.

2003년경 우리는 이와 같은 희망 리스트 속에서 홈스쿨 교육을 결정했다. 그 후로 20여년이 지난 지금 다시 꺼내보았다.

20여년 전 희망 리스트를 다시 본 순간,

지금 '우리는 과연 어떤 사람이 되어 있을까?'

20년이 지난 지금 우리 형제는 의사로서 다시 만나 각자 맡은 역할을 충실히 하며 〈메디아크〉라는 디지털 AI 의료 스타트업을 창업하였다. 인생을 자유롭게 계획하고 펼치고 싶은 꿈이 있기 때문이다.

우리는 선한 가치를 따라 가장 영예로운 삶을 살고자 한다. 의료분야의 전문의는 물론이고 코딩과 디자인, 기획과 마케팅 등 각자 고유의 능력을 충분히 발휘하는 아름다운 사람들이 모였다. 누구보다 열심히 살아야 하는 이유를 가졌다. 목적 있는 사람들이다. 기업 문화 등 변화시킬 수 있는 것은 적극적으로 변화시키며 보다 나은 세상을 창조해 가는 능동적인 사람들이다. 진리의 빛을 따라 항상 격의 없이 나누는 따뜻한 사람들이 모여 행복하고 아름다운 공동체를 엮어나간다.

희망 리스트를 보는 순간, 분명 20년 전 두 명의 홈스쿨러 아이들이 꾸는 꿈이었다. 그런데 20년이 지난 다음 다시 보니 함께 꿈꾸는 아름다운 청년들이 모여 같은 길을 가고 있다. 선한 가치를 가지고 공동체를 이루는 모습에 마음 깊이 응원하지 않을 수 없다.

2008년 2월, 주요 언론사에서 취재 나온다는 말에 성큼 대전을 달려갔다. 카이스트 입학처에서 연락이 온 것이다. 입학처장은 학부모인 아버지와 우리 형제의 취재 동의를 얻기 위해 불렀다. 훌륭한 자제분을 두셨다는 칭찬은 물론이고 자기 아이도 대학에 보내야 하는 학부모로서 부럽다는 말까지 하며 설득에 힘을 쏟았다. 아버지는 우리들의 언론 노출을 자제하는 신중한 입장이었다. 눈치 빠른 입학처장은 등 뒤에서 두툼한 서류를 꺼냈다. 면접관들의 평가가 기록된 면접평가서였다. 해당학생의 기록을 찾았는데 우리 두 형제 면접평가 서류를 살짝 보여주었다. 빨간 글씨의 AAA 트리플 에이가 눈에 띄였다. 두 형제 모두 최고점을 기록한 것이다.

  순간, 두달 전 아침 9시부터 저녁 6시까지 이어진 카이스트의 집단토의면접, 심층면접, 개인발표 면접고사 장면이 떠올랐다. 16세, 15세 형과 아우가 각자 다른 그룹으로 갈라져 자기보다 나이 많은 수험생 형들과 토의에 참여하였다.
  '작은 농지에서 최대의 농산물 수확을 할 수 있는 스마트팜 설계'가 주제로 선정되었고 면접관 앞에서 토의해야 했다. 토의 내내 말할 기회를 잡지 못한 수험생 형들이 있었다. 형과 아우는 각자 그룹에서 상대의 말을 받아가며 그 위에 나만의 아이디어를 보탰다. 과학적인 근거를 들어 상상을 펼쳤다. 조금도 기죽지 않고 정신 바짝 차린 가운데 말할 기회를 노리는 것이 사냥감을 노리는 암사자 같았다. 젊은 사자는 끝까지 먹이를 놓치지 않는다.
  면접 대기줄에 줄지어 앉아 있던 수험생 형들은 우리 형제가 2, 3년씩 어린 나이라는 걸 알아채지 못한 모양이다. 우리에게 건네는 말투에서 존칭을 내리지 않는다. 갑자기 어른스러운 대우를 받는 느낌이다. 대학 사회를 어투에서 느꼈다. 서로 존댓말을 쓰며 말투가 달라졌다.

마침 심층면접 때의 실수가 떠올랐다. 면접관의 질문에 머뭇거리는 순간, 지체없이 다른 면접관의 행렬문제가 속사포처럼 이어졌다. 머릿속에서는 행렬연산이 그림 그리듯 그려졌다. 질문 속도에 맞춰 정답을 토해냈다. 앞서서 범한 실책을 만회한 모양이다.

"수학은 잘 하는데"
"우리 집도 홈스쿨을 배워 가야겠는 걸"
면접관들은 서류를 넘기면서 우리 형제의 검정고시와 홈스쿨 이력에 놀라운 반응을 보였다.

입학처장이 살짝 보여준 빨간 글씨의 트리플 에이 AAA는 두 명의 나이 어린 홈스쿨 학생의 가슴을 뭉클하게 하였다. 힘겨웠던 여러 가지 유형의 카이스트 면접을 통과했는데 그것도 최고점을 기록한 것이다. 형과 동생 두 명이 검정고시를 통과하여 수학능력시험 정시모집에서 이른 나이로 합격한 것이다.
입학처장은 카이스트 역사상 최연소 기록임을 신문에 널리 알리고 싶었다. 카이스트의 최연소 합격자임을 확인하는 순간이었다. 아버지는 당시 대전까지 동행할 수 없었던 동생에게 알릴 겸 의논 전화를 하였다. 그때 동생은 의과대학 합격자 소식을 기다리고 있었다. 마침 아버지는 동생의 합격 소식에 가슴 벅차 하였다. 통화를 엿듣던 입학처장은 취재 설득을 포기한 표정이었다.

두툼한 면접평가서는 제자리에 놓여졌고 화제는 다른 방향으로 흘렀다. 대학 입학 우선순위에서 카이스트가 의대에 밀렸음을 인정하는 듯한 목소리로 축하 인사를 하였다. 하지만 한편으로 형의 카이스트 입학을 놓치고 싶지 않은 모양이었는지 장학금 이야기를 꺼냈다. 당시에는 검정고시생을 위한 국가장학제도가 없었다. 다른 방법을 제안한 것이다. 그런 와중에 언론 취재 이야기는 쏘옥 들어갔다. 형의 카이스트 입학을 확정짓는 것이 더 중요했다.

동생의 의대 합격 역시 최연소자였다. 의과대학에서는 최연소 합격자에 대한 호들갑 없이 조용히 지나갔다. 들리는 말에 의하면 취재 오겠다는 연락만 오고 어째 불발되었다. 다행이라 본다. 이른 나이에 영재 소리를 들으며 언론의 주목을 받는다면 채 영글지도 않은 열매를 따려고 무화과나무를 뒤지는 것과 같다. 끝까지 나무에 붙어 있어야만 제철에 잘 익은 열매가 된다. 익지 않은 무화과열매는 연약해서 센 바람에 쉽사리 떨어진다. 땅바닥에 나뒹구는 열매는 아무도 줍지 않는 법이다.

이후 20년이란 세월은 열매가 영글기에 충분한 시간인 것 같다. 전문의도 취득했고 석사와 박사공부도 마쳤다. 군의관과 전임의 2년 과정도 끝냈다. 형은 KAIST를 졸업하고 서울대학교 의학전문대학원에 입학하여 줄곧 서울대학병원에서 의사 수련 생활을 하고 재활의학과 전문의가 되어 일선병원에 진출하였다. 동생은 의과대학을 졸업하고 서울대학병원에서 수련을 시작하여 소화기내과 분과 전문의가 되어 내시경실에서 일한다. 또 형제가 의기투합하여 2022년부터 디지털 AI 의료 스타트업 〈메디아크〉를 시작하였다.

마침내 삶의 푯대를 세우는 시기에 이르렀다. 비로소 우리만의 교육 이야기, 홈스쿨 이야기를 꺼낼 때가 된 것 같다. 기억을 되새기며 초심으로 돌아가고픈 마음에서이다. 독자들도 우리와 마음을 같이 하여 우리들의 교육 가치관, 원칙과 방법이 녹아 있는 열매를 맛보기 바라는 바이다.

처음부터 우리의 홈스쿨이 쉬운 것은 아니었다.

우선 중학교가 의무교육이 된 이상 절차를 밟아서 빠져나와야 한다. 중졸검정고시 접수서류에 '입학취소확인원'이 필요하다. 검정고시 자격이 있는지 판단하기 위해 배정받은 중학교를 다니지 않았다는 서류가 있어야 한다. '의무교육불이행각서'라는 서류를 말한다. 이때 혼란이 있었다. 학부모인 아버지가 배정받은 중학교를 찾아갔지만 육중한 교문 뒤로 오고가는 교무행정가들은 한 번도 의무교육을 받지 않겠다고 찾아오는 사람을 보지 못했다.

담임교사, 학년부장, 입학처장, 교감, 교장 등 권위 순서대로 일일이 찾아가 설명한 다음, 결국 교육청까지 문의하여 설왕설래한 결과 '의무교육불이행각서'라는 것이 필요하지만 양식이 전무하다는 결론을 얻었다. 이윽고 컴퓨터 워드프로세서에서 1장의 프린트물이 꾸며졌다. 학부모의 서명은 물론이고 담당자 순서대로 온갖 직인이 잔뜩 찍혔다. 이 한 장의 이상한 문서는 나중에 검정고시를 볼 때 나름 증명이 되었다.

아버지는 교무실에 인질처럼 붙잡혀 3시간 동안 의무교육 불이행에 대한 끔찍한 고문 아닌 고문을 받아야 했다. 지나가는 선생님마다 무슨 일이냐며 참견 아닌 참견에 따가운 시선을 받았다. 예상 가능한 불이익은 물론이고 '얘 망치면 어떡하냐'는 우려 섞인 소리를 바가지로 들었다. 서명 하나면 끝날 일을 이리 오래 끌었다.

홈스쿨이 무슨 반란이라도 되는 모양인가.

홈스쿨을 한번도 후회한 적은 없다. 하지만 시스템을 빠져나올 때의 경험만큼은 '내가 뭔가 잘못했나' 하는 내 자신에 대한 의심을 떨치기 어렵게 만든다. 웬만한 자신감 아니면 극복하기 어렵다. 인간의 불안감 때문에 만들어진 우리 사회의 인공적인 시스템이 대개 그렇다.

우리 형제는 부모님의 자신 넘치는 홈스쿨 신념에 감사한다. 그분들의 자신감 덕분에 우리 형제는 자기를 향한 의심증을 한번도 가져본 적이 없다. 마치 수업 중에 가방 싸가지고 조퇴한 학생 같은 기분을 우리만의 멋진 홈스쿨이 날려 버렸다.
도대체 부모님의 자신감은 어디서 나온 것일까?

"아빠는 고3 때 키가 작아서 맨 앞자리에 앉았는데 그때 막 콧수염이 솜털처럼 까뭇까뭇 자란 때였어. 선생님들이 들어오시면 앞자리에 앉은 내 콧수염을 뜯는 게 재미였나 봐. 병아리 깃털 뽑듯 뽑으면서 놀리는 말이 아빠는 무척 힘들었어. 학교라는 우리에 가둬 놓고 깃털을 뽑아도 가만히 앉아서 성적을 받아야만 대학에 들어가는 그런 체제가 어찌나 서글프던지. 우리 아이들만큼은 그런 서러움을 겪게 하고 싶지 않았지.
그런 경쟁에서 인내를 발휘하라는 말은 '착한 포로가 되어야 빨리 석방된다'는 말처럼 들려. 내가 왜 갇혔는지도 모르고 말이야. 아빠는 잔인한 십대를 겪었지만 너희는 아름다운 십대가 되는 것이 꿈이야.
너희 십대는 참 아름다운 시간으로 기억에 남았으면 좋겠어. 세상에 갇혀서 아등바등 살기를 바라지 않아. 자유롭게 세상을 더 넓혀갔으면 해. 여기 세상만 세상이 아니야. 더 넓은 세상이 있어.
'갇힌 세상'은 경쟁을 답이라 하잖아.
'열린 세상'은 자유와 창조성을 발휘해서 함께 확장시켜 나가는 데야.
사람들은 너희가 넓힌 세상을 경험하면서 정말 자유와 능력을 어디에 쓰는 것인지 알게 되기를 바래.
　너희가 깃발을 꽂는 사람이 되는 거야."

　아무리 부모가 자신감이 있어도 아이 당사자가 동의하고 주인공이 되지 않으면 안 된다. 그렇지 않으면 홈스쿨은 마치 조퇴했는데 곧바로 퇴학 처리 되어버린 꼴이 된다. 아이 당사자의 확인과 승인이 있어야 한다.
　자기 확인self-affirmation이라는 정체성과 자발성이 홈스쿨 교육의 발판이다.
　우리 집에서도 홈스쿨 당사자인 형제들의 확인과 승인의 시간이 필요했다. 부모는 홈스쿨에 확신이 있었지만 형제 중에 특히 1년 먼저 시작하는 형은 반신반의하는 태도였다.

"친구들을 사귈 수 없잖아요."
"그럼 축구는 어떻게 해요?"
"학교가 아니면 자기 실력이 뒤쳐지는지 어떻게 알아요?"
"같이 경쟁하며 공부해야 실력이 나아지지 않을까? …."

　자기 확신이 서지 않았다. 그렇게 몇 개월… 팽팽한 관계를 유지하며 초등학교 6학년 2학기말을 지냈다. 홈스쿨 장학금 제안까지 받으며 형의 마음을 사려는 부모의 노력이 있었다.

만일 홈스쿨에 점수를 주고 들어온다면
70점 이상은 1년 장학금,
80점 이상은 2년 장학금,
90점 이상은 홈스쿨 전액 장학금…….

홈스쿨 장학금 지원에도 형의 마음은 기울지 않았다. 자기 스스로 확인하는 과정이 필요했다. 자기 확인을 위한 한 가지 방법은 학교 공교육과 홈스쿨의 장단점을 리스트로 만들어 보는 것이다. 형은 장단점 리스트를 작성하는 시간을 가졌다. 그리고나서 리스트를 놓고 어떻게 홈스쿨의 단점을 보완할 수 있을지 며칠간 대화를 이어갔다.

그리하여 형은 60점이란 홈스쿨 점수를 매기고 초등학교 졸업 이후부터 홈스쿨을 시작하였다. 60점이란 저조한 점수였지만 어쨌든 자기 확인과 승인 과정부터 시작했다.
대학 진학 후에는 홈스쿨 만족도가 달라졌다. 시작할 때에는 60점이던 것이 KAIST 1학년의 홈스쿨 만족도는 90점, 2학년은 100점. 지금은 두말할 나위 없이 대만족이다.

한편 자유로운 영혼을 가진 동생은 초등학교 졸업 시기가 다가오자 두말 없이 100점이라는 홈스쿨 점수를 주고 형을 따라 같은 길을 갔다.

학교의 장점

- 친구가 많다
- 경쟁을 의식해 공부한다
- 과목마다 선생님이 있다
- 교과서를 무상으로 받는다
- 하루 일과가 정해졌다
- 실력을 알 수 있다

홈스쿨의 단점

- 친구 만나기 어렵다
- 비교대상이 없다
- 정해진 선생님이 없다
- 일정한 교과서가 없다
- 집이라 정해진 시간이 없다
- 실력 평가를 받을 수 없다

학교의 단점

- 자유롭게 공부하지 못한다
- 학교폭력에 노출된다
- 게임, 일탈 문화가 있다
- 모든 선생님이 잘 가르치지 않는다
- 시간에 매여 산다
- 시험을 자주 본다

홈스쿨의 장점

- 맘껏 하고 싶은 공부를 한다
- 집이라서 편안하다
- 여행 등 경험을 많이 한다
- 누구에게나 배울 수 있다
- 시간을 마음껏 쓴다
- 시험 스트레스가 없다

동생은 학교 문화를 좋아하지 않았다.

중학교 재학 중인 어느 친구를 만난 적이 있는데 우리 형제의 홈스쿨을 몹시도 부러워하며 한 말이 기억난다.

"학교 다니면 배우는 게 욕하고 게임이야. 졸업할 때도 늘어나는 게 욕하고 게임밖에 없어."

동생은 비록 선생님께 맞거나 친구들에게 욕을 먹는 일이 없는 모범생이지만 이런 학교 문화가 싫었다.
"다 너희 잘 되라고 하는 거야" 하며 매를 가지고 때리던 선생님이 학부모 공개 수업 때에는 회초리를 구석에 숨기는 모습을 보았다. 잘 되라는 열의와 정성, 기대와는 전혀 다르게 잘 되는 학생이 많지 않다. 우리 형제는 이런 문화에서 벗어나 선한 가치를 깨우치고 싶었다.
우리 집 홈스쿨은 이런 선한 가치를 키우고 누리기 위해 시작하였다.

그러나 한편으로 홈스쿨을 시작하는 초기에는 우리가 사는 아파트 바깥을 잘 나가지 않았다. 특히 오전 시간에 바깥 출입을 하지 않았는데 경비원 아저씨를 만나면 매번 대꾸해야 했기 때문이다. 너무나 번거로운 일이었다.

"학교 가지 않고 뭐하니?" 하고 물을 때마다 경비원 아저씨가 이해할 수 있는 대답을 할 수 없었다.
홈스쿨이 뭔지 모르기 때문이다.

"집에다 학교를 차려…?"

그러니 아예 마주치지 않는 게 나았다. 비행청소년 보는 듯한 시선이 홈스쿨의 단점이라면 단점이다.

정체성이란 나만 당당하고 나만 확실하면 되겠지 생각하면 오산이다. 이민사회에서 한인 2세의 정체성 문제가 저만의 문제가 아닌 것이 이해된다. 사회적 인식이 충분하지 않아 사람들로부터 받는 지지가 약하기 때문이다. '천재'나 '영재'라고 떠들어 주길 바라는 것도 따지고 보면 사회적 지지를 받고자 하는 정체성의 변칙적인 해법이라 하겠다. 영재 소리를 들으면 정체성 문제가 해소되는 듯 싶다. 그러나 과다한 지지는 도리어 독이 되는 사례가 많다. 과한 기대가 과도한 소모를 가져온다. 사람들의 시선과 인기에 신경 쓰다 보면 허울 좋은 껍데기 뿐 정작 자기 자신이 누군지 모르는 정체불명자가 된다. 일면 밖에 못 보는 외눈박이 괴물과 같다.

정체성이란 한 학기 수업으로 형성되지 않는다.

인간의 성장기 동안 성장에 맞춰 줄곧 이어지는 사회적인 지지가 필요하다.

우리 형제의 정체성은 학교가 주지 않았다. 가정을 기반으로 건설되었다.

가정은 우리의 정체성과 긴밀히 연결되어 있다.

우리는 가정에서부터 자부심을 배웠다.

'내가 누구인지 알아가는 것'은 가정이 줄 수 있는 최고의 보배이다. 그래서 우리 홈스쿨 시작은 결코 어렵지 않았다. 경비원 아저씨도 장애물이 되지 않았다. 얼마 뒤로는 서로 자연스러운 일이 되었다. 재활용품 처리 담당이 형제들 역할이었기 때문에 자주 만나는 사이가 되었다. 익숙해지면 문제 되지 않는다.

홈스쿨에서 키운 정체성 덕택에 사춘기를 거의 타지 않았다. 사춘기 혼란이란 또래 문화가 가정을 파고 들어올 때 불거지는 세대 간의 갈등이다. 가정의 가치는 학교문화에서 유입되는 또래집단의 역기능을 잠재우는 힘이 있다. 대학 진학 후 또래 문화 속에 쏙 들어갔음에도 집에 돌아올 때면 여전히 싱그러운 기분을 느끼는 것은 가정 때문이다.

솔직히 대학생활 중에 동화되기 어려운 또래문화가 많았다. 하지만 홈스쿨에서 키운 내면의 자신감 때문인지 대학사회에서 소외된 적은 없다. 도리어 이질적인 문화 속에 섞이지 않아도 자신에 대한 당당함 때문인지 동료들의 존경을 받았다.

  15세, 16세에 합격하여 대학문화 속에 들어간 우리 형제는 미성년자였다. 회식자리에서 빠짐없이 술잔을 돌릴 때 우리는 미성년자임을 꼭 밝혀야 했다. 그러면 술잔 돌리는 형들은 도리어 미안해 하면서 결코 짓궂은 일은 하지 않았다. 19세 성인식 때까지 그랬다. 아니 이후에도 의례 청량음료만 마시는 줄 알고 있었다. 그래서 대학생활에서 자연스레 술과 거리가 멀었다.

  "와! 집이 좋다." 대학 기숙사 생활을 하다 집에 돌아오면 언제나 하는 말이다. 집에 오면 정서가 풀린다. 예전에 볼 수 있었던 장난끼 어린 모습과 뒹굴 때 웃는 소리는 여전하다. 가정에서 오랫동안 정겹게 묻은 감정이 되살아나나 보다.

    무엇을 이야기해도 받아들여지는 편안함,
    무엇을 꺼내도 가족 모두 귀 기울여주는 반가움,
    무슨 노래를 불러도 함께 흥얼거리는 흥겨움,
    무얼 먹어도 잘 먹었다고 만족해 하는 포만감,
    형제끼리 서로 내 자리가 좋다고 이부자리에 붙어
    종알거리는 친숙함,
    어디서나 엄마, 아빠와 이야기만 나눠도 행복하다고
    말하는 뿌듯함…

그러나 한편으로 웬만큼 자기 정체성이 확고하다 하더라도 우리 문화 속의 독특한 서열문화는 좀처럼 극복하기가 쉽지 않다. 존칭과 경어, 하대하는 반말 때문에 쉽게 자존심이 상한다. 생년만이 아니라 월일까지 따지며 서열을 매기고 존댓말을 요구하는 문화가 친구 사귀기 어렵게 만든다. 간혹 둑을 무너뜨리고 먼저 반말을 써도 좋다고 하는 화통한 형들이 있었다. 하지만 발달과 정상 아직 성장기가 끝나지 않아 상대적으로 어려 보이는 외관은 숨길 수 없었다. 다행히 183cm라는 무시할 수 없는 키 때문에 보완은 되었지만 말이다.

홈스쿨 시절에는 머리도 집에서 깎고 누가 물려주는 옷도 서슴지 않고 입었다. 홈스쿨에서는 외모를 신경쓰지 않아도 모든 것이 자연스러웠다. 그런데 대학을 들어가면서 나만의 스타일을 찾는 노력이 필요했다. 미용실을 가서 나의 머리 스타일을 찾기 시작했다. 어색한 경험이었지만 자신에게 여유를 주는 노력을 조금씩 한 결과 형이 동생 옷까지 코디를 해 줄 정도로 눈맵시가 좋아졌다.

나이를 따지며 갈등했던 시기는 대학생활까지만 그랬던 것 같다. 사회로 나왔을 때에는 도리어 젊은 것(?)이 더 큰 인정을 받았다. 어린 나이라는 점 때문에 갈등이 없지는 않았으나 상처로 남은 기억은 없다. 언제나 우리에게는 보이지 않는 보호막이 있었던 것 같다.

정체성 교육의 일환으로 우리 나라 역사교육은 현장을 다녀야 한다는 것이 부모의 지론이었다. 홈스쿨에서는 현장경험이 가능하다. 교과서를 들여다 보는 폭 좁은 역사공부만으로는 '내가 누구인지' 정체성을 확인하기 어렵다는 것이다.

몸으로 확인하고 눈으로 목격하고 영혼이 느껴야 한다.

전라남도 고흥을 지나 소록도에 도착하면 일제시대의 아픔을 간직한 한센병자료관과 감금실, 생활촌을 살펴볼 수 있다. 역사와 함께 오래 격리된 장소라 능수매화와 굵직한 나무들, 해변과 각종 생물들의 살아있는 생태계를 볼 수 있다. 한주간 지내면서 새벽에 허물 벗는 매미를 관찰한 곳이 그곳이다.

전주를 찾아가면 태조 이성계와 조선시대 왕들의 초상화를 모신 경기전, 전주사고, 한옥마을, 동학혁명기념관, 전통성당, 전주 예수병원내 의학박물관을 볼 수 있다.

전주 이씨의 본가로 어진이 있는 전주가 어떻게 동학혁명의 중심지가 되었으며, 전라도 남자들이 학살 당한 후 어떻게 여의사 마티 인골드가 호남지역의 어린이/부인 환자만을 진료하면서 예수병원을 세우게 되었는지 구한말 역사 속의 애환을 느낄 수 있다.

제주도는 몽골의 지배를 받으며 말을 키우기 시작한 역사와 더

불어 당시 몽골에 항전했던 것을 기념하는 항몽유적기념관부터 1948년 4.3사태 현대사까지 가슴 아픈 현장과 마을을 돌아볼 수 있다.

광주에서는 5.18 민주 묘지와 기념관을 돌아보았다. 그때 심한 두통으로 고생한 기억이 있다.
우리 몸이 역사현장과 연결된 모양이다. 과거 열강 제국주의 틈바구니 속에서 현대까지 이어져온 우리 역사에 우리 몸이 안타까운 반응을 한다.

정체성은 가치관과 연결되어 있고 세계관으로 뻗어간다. 바른 가치관과 세계관을 도외시하면서 정체성 검증을 하지 않는다면 그때그때 자기 입맛에 맞는 충동적인 선택을 하는 인간이 되고 만다. 기회주의자라는 말이 이런 것 아닐까. 출세를 위한 약삭빠른 공부만 하다 보면 자기가 '아는 것이 다'라는 오만에 빠진다. '불멸을 포기하고 지식을 선택하였다'는 탈무드에 나오는 아담의 오만과 같다. 지식을 우월하게 여기면서 생명을 등한시 하는 우를 범하는 것이다. 우리나라에 태어난 이유를 모르는 정체불명자는 미국과 중국과 일본과 러시아 사이에서 자기 영달을 위한 기회만 노릴지 모른다.

인류는 정체성을 형성하기 위하여 '신화'라는 양식을 사용해 왔다. 신화를 바탕으로 종교적 세계관이 구성된다. 종교가 바로 인류가 들여다 보는 세계관이 된다. 세상의 기원(창세 신화)에 대한 이해와, 시간/공간의 이해, 민족과 국가 권위에 대한 이해, 생명과 죽음에 대한 이해를 제공하기 때문에 지금까지 존속한다. 사람들은 이 세계관의 틀을 이탈하지 않는다. 이탈자가 거의 없는 만큼 지배적이다.

종교는 단지 '신'과 인간과의 관계만을 말하지 않는다. 신의 존재를 확인해야 종교를 인정하는 것이 아니다. 그 땅에 살게 됐으면 그 땅을 지배하는 세계관에 따라 국가와 사회와 가문이 움직인다. 세상의 문명충돌이니 문화권이니 하는 용어가 그것이다.

기독교 세계관/이슬람 세계관/불교 세계관(힌두 세계관), 그리고 과학과 인문학에서 등장한 반종교적 세계관인 '무신론적 세계관', 그 외에도 우리 문화와 삶에 영향을 주는 유교적 세계관/도교적 세계관(무속적 세계관) 등이 존재한다. 세계관에 따라 다양한 문명과 다양한 삶의 양식이 출현하였다. 우리의 일상생활은 일정한 생활 양식으로 구성되어 있다. 학교/교육과 직장/직업, 가정/결혼/장례의 생활양식은 지역과 민족, 사회, 경제와 정치 속에 문화를 형성하였다. 그렇게 다양한 문화를 통합하는 것이 세계관이다.

의식적이든 무의식적이든 적어도 이 땅에 살고 있는 한 우리는 문화의 모습으로, 교육의 형태로, 정치/경제의 구조 속에 자연스럽게 배여 있는 세계관을 따라 산다. 한 편의 영화를 봐도, 한 권의 책을 읽어도, 어떤 형태의 교육을 받아도, 대학 전공과 직업을 정할 때에도 그 속에 세계관이 스며있다.

칼 구스타프 융Carl Gustav Jung의 이론에 따라 무의식의 영역에 이미 잠재된 세계관을 가져다 쓰는 셈이다. 우리를 지배하는 무의식적 세계관의 영향력은 타종교나 이념, 정치색으로 사람을 구분 짓고 적대시할 때 그 위력이 무섭게 나타난다. 대화가 전혀 통하지 않을 뿐더러 상대에 대해 살인적인 적의를 갖도록 부추길 만큼 세계관 끼리의 골은 깊다.

우리 몸이 아픔을 느끼더라도 골이 깊은 역사현장을 찾아다니는 것을 우리는 주저하지 않았다. 세계관을 인식하고 이해해야만 우리 안에 스며든 적개심과 열등감을 내려놓을 수 있다. 그래야 세계 열강 사이에서 생존뿐 아니라 박애와 평화라는 보다 숭고한 세계관을 지향하며 나아갈 수 있다. 이렇게 세계관과 연결된 정체성 확인 교육은 박물관과 역사현장에서 이루어졌다.

분명히 홈스쿨의 단점은 다양하게 존재한다. 그러나 하나하나 장애를 극복할 때마다 세계가 넓어지는 것을 느낀다. 사춘기나 대학가의 성인문화, 서열 문화나 사회적 시선, 골이 깊은 다양한 세계관과 역사의식까지 우리가 넓혀야 하는 세계는 차고도 넘친다.

감정의 미숙함을 벗어나 성숙한 자세의 정서를 가지고 논리력과 이해력으로 머리를 무장하고서 마음에 선한 가치를 담아 앞으로 펼쳐질 미래사회에 선한 영향력을 끼치는 사람이 되는 것. 우리 교육의 목적이 여기에 있다고 우리는 말할 수 있다.

제 3 장
자연에서 배울 것이 많다

　부산에서 뱃길로 1시간 남짓, 거제도의 장승포 부두에 도착했다. 미니 버스를 타고 외진 바닷가 마을 망치리로 30분 더 들어갔다. 이곳에서 수련회 강의가 있다. 1998년 12월 초에 우리 가족은 남쪽지방 여행을 하게 되었다. 도착하자 마자 우리는 환호성을 질렀다. 폐교를 수련장으로 다시 꾸민 곳이 열악하다고만 들었는데 그야말로 멋진 별장과도 같았다. 교내 사택으로 쓰던 단칸방을 우리 가족 방으로 내주었다.

아침이면 부서지는 햇살 속을 출렁이며 떠나는 고깃배를 볼 수 있는 곳이다. 우리는 짐을 풀고 곧바로 바닷가로 달려 갔다. 해안 탐험이 시작되었다.

철썩거리는 파도에 꼼짝하지 않는 해변 바위 틈 사이로 온갖 바다 생물이 숨을 죽이고 있다. 우리가 내민 손길을 피해 이리저리 장난질을 한다.

바위에 붙어있는 개딱지와 여러 가지 조개들,
말미잘과 성게도 눈에 뜨이고
소라 껍질을 쓰고 다니는 집게 하며,
어린 게와 새우도 남해안의 겨울 바다를 찾은 손님들의
장난기를 익혔는지 어느새 숨바꼭질 놀이를 시작하였다.
우리는 바다에서 산란기를 끝내고 생을 마감하려고
해변으로 들어오는 1미터 크기의 할매 오징어도 보았다.
또 미니 낙하산을 펼친 듯한 해파리를 보았다.
우리의 돌맹이 공습이 시작되었다.

해금강 초등학교 아래로 펼쳐진 몽돌 해변을 맨발로 걸어다니는 재미는 피로를 풀기에 충분했다.

손자 생각이 난다며 선창을 열어 살아 있는 자리돔을 한 자루 떠서 비닐에 싸주신 어느 거제도 어부 할아버지가 기억난다. 우리는 들뜬 기분으로 폐교 사택에 다시 돌아왔다. 산 놈은 골라서 다시 떠온 바닷물에 넣어주었다. 그리고 나머지는 칼과 가위로 머리와 내장과 지느러미를 손질하였다. 그렇게 구워 먹은 자리돔 맛을 잊지 못하겠다.

　바다의 흥미거리는 잠시 들린 우리의 기분을 항상 들뜨게 한다. 아빠의 강의 사이사이 쉬는 시간마다 바다 탐험을 나섰다.

　우리는 바다의 감동을 패트병에 담았다. 조개랑, 게랑, 집게랑, 돌맹이를 집어넣었다. 우리가 사는 강원도 태백까지 가져오다 통리역 도착 직전에 기차 안에서 그만 쏟고 말았다. 형의 실수였지만 그것을 구경하는 어른들에게 그렇게 재미있는 일은 없었다. 12월의 눈 덮인 창가를 바라보던 승객들은 모두 사방으로 흩어지는 게들을 바라보며 탄성을 질렀다. 부리나케 집어서 다시 병으로 옮겼다. 한 마리도 탈출에 성공한 녀석은 없었다.

　부모의 가슴은 우리 형제들의 뛰노는 모습만으로도 흐뭇해 하셨다. 이토록 자연은 우리의 흥미를 자아낸다.

　1998년 형은 강원도 태백의 하사미 초등학교 분교에 입학하였다.

　"아빠, 어른들은 뭐 하고 놀아요?"

　형이 동생과 함께 강원도 외나무골 그 넓은 대자연의 정원에서 계곡 바람을 타고 놀다가 뭐가 궁금했는지 들어와서 다짜고짜 묻는다. 왜냐하면 어른들은 자기네들처럼 숲 속을 뛰어다니며 시냇가에서 첨벙거리고 노는 모습을 보지 못했다.

아이들은 하루종일 밖에 나가 뛰놀아도 지칠 줄 모른다. 어느새 또 다시 방에 들어와 놀기 시작한다. 뭐가 그리 놀 게 많은지 희희낙락하며 잠자기 전까지 빈틈없이 장난을 친다.

'사는 게' 재미있다.

"어른들은 말이다…"

아빠는 갑자기 어른들이 어떻게 노는지 이야기해 주려니까 막상 해 줄 말이 없었나 보다. 대개 어른들이 논다고 하면 불건전한 모습밖에는 생각나지 않는다. 모여서 노는 것이 앉아서 화투를 친다든가 TV나 보고 술 마시고 수다 떠는 것이 다반사다. 아빠는 궁한 나머지 점잖게 둘러대셨다.

"방 안에 앉아서 이야기하는 게 노는 거란다."

그 다음부터 집에서 엄마 아빠가 사람들과 같이 이야기하고 있으면 우리 형제는 아빠 귀에 대고 속삭이며 말한다.

"아빠, 지금 노는 거지요? 맞지요?"

아이들 눈에 이렇게 재미난 바깥 세상의 자연을 놔두고 방안에서 노는 어른들이 이해되지 않는다. 그러고 보니 주변에 펼쳐진 대자연을 즐기는 사람보다 방안에 모여 있는 사람들이 많은 것을 본다.

서울에서 시골에 그야말로 '놀러' 온 아이들이 있었다.
그런데 놀라운 것은 그 서울 아이들이 하나같이 밖에 나가서 놀 줄 모른다는 것이다. 5-6학년 고학년인데도 자연에서 놀잇감을 발견하지 못한다. 인공물과 인공적인 놀잇감에 익숙한 탓인지 방안에서 토닥거리며 트럼프나 게임 하는 것을 더 좋아했다. 벌써부터 어른스럽게 '노는' 모양이다.

가을 잠자리는 훌륭한 놀잇감이다. 손가락마다 날개를 끼워 여덟 마리씩 잡아두고 방안에 풀어 놓으면 한참 좌충우돌하는 잠자리 비행기를 구경할 수 있다.
장지도마뱀과 나뭇가지 하나면 도마뱀 서커스의 공중곡예 공연을 할 수 있다.
비닐 튜브 속에 투명한 유리 구슬을 꿰어놓은 듯 알알이 줄지은 도롱뇽 알에서 마침 부화한 새끼가 있었다. 새끼 도롱뇽을 잡아다 손바닥에 놓고 뒤집으면 아가미를 깔딱거린다. 반투명한 새끼 뱃속의 2심방 1심실 심장은 빨간 핏줄기를 이리저리 뿜으며 생명의 약동을 한다. 그때 손바닥은 조심스러운 관찰대가 되어 꼼짝할 수 없다. 숨 죽이며 구경하는 순간이다.

이 뿐인가. 어른스럽게 방에서만 놀지 말고 밖을 나와 대자연을 거닐다 보면 인공위성 같은 민들레 꽃씨를 입으로 불어 날릴 수 있는 기회가 생긴다.

아이들에게 세상은 놀잇감이다. 즐거움을 주는 세상이다. 일하러 노동판에 나온 것이 아니다. 첫 인류인 아담이 그의 생애를 에덴 동산에서부터 시작했다는 사실은 매우 의미있다.

'에덴'이란 말은 히브리어로 '즐거움' '기쁨'이란 뜻이다. 세상을 즐거움으로 맞이한 사람은 세상이 두렵거나 부담스럽지 않다. 그래서 창조주가 세상을 제일 먼저 즐거움으로 만나도록 인간에게 어린 시절을 주셨나 보다.

어린 시절의 놀이는 세상을 두려움보다는 즐거움과 경쾌함으로 대하도록 해 준다.

부모는 우리의 어린 시절에만 누릴 수 있는 즐거움의 특권을 빼앗지 않기로 하였다. 하지만 이 시대에 그와 같은 특권을 고스란히 보존해 주기란 과연 쉬운 일이겠는가. 거의 모든 어린이집이나 유치원이 선수 쳐서 한글을 가르친다. 선행학습의 선두주자인 셈이다.

엄마가 동네에서 어느 학습지 아주머니를 만났다.

"어느 학습지 하세요?" 묻는 질문에 아무것도 하지 않는다고 하자, 한글, 수학, 한자 등 이것저것 꺼내 보여주며 설명하였다.
"우리는 미리 시키지 않으려고요."
그러나 학습지 아주머니는 의아하다는 듯이 '바보 만들지 않으려면 미리미리 공부 시켜야 한다'며 종용하였다. 어떠한 다그침에도 꿈쩍하지 않자,
"아~ 국보급 엄마네" 하며 물러섰다.

우리 형제는 유치원을 다닐 때 한글을 깨우치지 않았다. 아니 글을 가르치지 않는 유치원을 우리 부모는 찾아 다녔다. 서둘러 글자 공부나 수학, 한자공부를 시키지 않았다.

'제 나이가 되면 어련히 할까'
제 나이에 맞는 공부를 해야 한다는 생각이셨다.

"글은 초등학교에 들어가서 익혀도 되지. 너무 일찍 글의 세계로 들어갈 필요가 없어.
글이 없는 세계도 또 하나의 세계인 걸, 글이 없는 세계를 충분히 누려야지."

'글 없는 세계'라 해봤자 고작해야 6년이다. 글을 모르면 본능적으로 오감을 쓰기 마련이다. 그런데 일찍감치 글의 세계가 차지해 버린다면 그만큼 '글 없는 세계'의 상상력과 소통력을 상실

하고 만다.

　유명 화가 고흐 미술전에 수많은 사람이 다녀간다. 하지만 고흐 작품 〈씨 뿌리는 사람〉 앞에서 19세기 고흐 작가가 전달하고자 하는 '글 없는 세계'를 얼마나 느낄지 싶다. 일구지도 않은 척박한 땅에 씨를 뿌리는 사람의 등 뒤를 노랑빛의 찬란한 태양이 중앙에서 떠밀고 있다. 그러고 보니 거친 흙덩이 역시 모두 태양빛의 노랑칠이다. 인간의 '씨 뿌리는 노고'가 고흐의 '글 없는 세계'에서는 신성하게만 느껴진다.

　수많은 예술 작품들이 글 없는 세계를 확장시켜왔다. 그들의 상상력과 소통법을 무시할 수 없다. 글로 전달하지 않아도 세계인과 소통이 가능한 것은 저들만의 '글 없는 세계'를 창조해 왔기 때문이다. 글을 깨우치기 전, 잠정적인 문맹 기간은 글로 인해 규정되고 축소되는 세계에 앞서 언어를 초월한 상상력과 소통법을 익히도록 주어진 선물인 셈이다. 이 선물을 충분히 누릴 수만 있다면 세상의 그 누구를 만나도 편견없이 소통할 수 있겠다는 자신감을 얻으리라.

　우리 부모는 아이의 성장기에서 만나는 '글 없는 세계'를 소중하게 생각하였다.
　도서관에서 그림책을 빌려다 아이 가슴에 안겨 주셨다. 엄마가 읽어주는 그림책을 가지고 우리는 상상하며 엄마 품에서 이야기 세계를 넓혔다. 장난감을 가지고 붙이고 연결하며 세상을 창조하였다. 그 안에서 하나씩 역할을 맡아 신나게 역할 놀이 세계를 즐겼다.

마침내 한글 공부, 그림 공부 대신 자연과 친숙해지는 교육을 강조하는 살레시오 유치원을 찾았다. 부모 마음에 드는 곳이었다. 서울 한 복판에서 계절마다 다른 자연을 만나는 곳이 있었다.

넓은 잔디마당이 있고 뒤뜰에는 무, 배추, 근대, 열무, 옥수수, 토마토 등 채소를 가꾸는 텃밭이 있었다.

그 옆으로 작지만 포도밭과 딸기밭을 일궜고, 살구나무와 사과나무, 대추나무, 감나무가 곳곳에 있었다.

또 농구장 옆에는 무성한 잡초 사이로 키다리 해바라기가 능청스럽게 서 있었다.

우리는 유치원을 갈 때마다 뒤뜰로 쪼르륵 달려갔다.

커다란 돌멩이를 뒤집으면 개미굴 구경을 할 수 있다.

또 매미가 되기 위해 오랜 세월 땅 굴에서 수도생활을 하는 굼벵이도 볼 수 있다.

구리장색공인 구릿빛 등딱지의 딱정벌레도 보았다.

서울에서 잠자리며 메뚜기, 방아깨비를 잡으며 놀 수 있는 유치원이 있다는 게 행운 같다.

구린내 나는 은행 열매를 주워서 발로 으깨 단단한 씨를 모았다.

가을 햇볕 속에 짙은 노랑으로 비틀어진 여문 해바라기에서 씨앗을 털었다.

뒷마당 텃밭에서 애기 얼굴만한 고구마를 캘 때에는 이마에 땀방울이 맺힌다.

포도 나무에서 싹이 트기 시작하여 무성한 잎 사이로 포도알이 송골송골 영글 때까지 한 계절 한 계절 지켜보았다.

사과나무에서 막 딴 사과를 한입 물기도 한다.

자연에서 익히는 교육은 생명의 즐거움을 느끼기에 충분하다.

그러나 세월은 변화를 요청하고 세상은 성장을 요구한다.

형의 초등학교 입학통지서가 나왔다.

우리 부모는 예비소집일에 서울 어느 언덕바지 위의 초등학교 교문을 들어섰다. 손등을 에이는 싸늘한 겨울바람 속에 수많은 학부모들이 옷깃을 세우고 운동장 조회대 앞에 줄을 서는 모양이다. 깃대처럼 동네 통반번호를 세워놓고 통지서 번호를 따라 줄을 섰다. 학부모들은 자기 아이 통지서 숫자를 보고도 어리둥절한다. 학부모가 마치 1학년 신입생 어린이가 된 것 같다. 학부모도 아이 나이와 똑 같아지는 모양이다. 학교 선생님들은 학생 줄 세울 때처럼 학부모들을 통제하느라 애를 썼다.

차갑고 답답한 학교 건물의 수많은 격자 무늬 유리창이 운동장에 그림자를 그린다. 수십 년 간 아이들을 그 안에 가둬두고 '학교'라고 불렀다.

'이건 아니지' 싶은 마음이 치밀었다고 한다.

우리 부모는 아이들을 이런 답답한 건물 속에 숫자와 번호로 통제하는 가운데 밀어 넣고 싶지 않았다.

글을 모르는 아이가 학교에 입학하면 바보는 아닌데 바보 취급 받을 것이 뻔했다.

글씨를 가지고 척도로 삼는 세상 앞에서 글 없는 세계가 인정 받을 리 만무하다.

부모는 중대한 결정을 해야 했다.

서울 살이를 포기하고 대관령을 넘어 강원도 시골의 분교를 찾아가는 것이다.

다시 돌아온다는 기약없이 이삿짐을 쌀 때 절로 나오는 아빠의 한숨을 엄마는 기억하고 있다.

일이며 연고며 모조리 싸가지고 떠난 길이기 때문이다.

1998년 3월 초, 5인승 캘로퍼에 이삿짐을 잔뜩 싣고 우리 두 형제는 짐 사이에 파묻혀 대관령을 조심조심 넘었다. 가다가 강릉의 왕산 초등학교에서 쉬었다. 아름드리 왕벚꽃나무가 우리를 맞이했다. 아빠는 그 나무에 한숨을 걸어 놓고 하사미를 향해 길을 나섰다.

드디어 형은 하사미 분교에 입학했다. 연년생인 동생은 이듬해 입학했다.

하사미 분교의 1학년 신입생은 총 3명이다. 글씨를 모르는 아이들이다. 문맹끼리 모이니 진도도 비슷하고 경쟁도 필요없다. 놀아도 공부에 대한 압박을 받지 않으니, 그야말로 낙원이다.

낙원에서는 1시간 중에 선생님과의 수업 시간이 딱 15분이다. 1학년부터 3학년까지 한 학급으로 운영되는데 복식수업을 한다. 선생님 두 분이 한 학급씩 맡았다. 따라서 한 학년 수업은 15분이다. 체육 시간에는 12명의 전교생이 우르르 나가 선생님과 함께 축구를 한다. 낙원에서는 한 명 한 명이 소중한 존재이다.

낙원에서는 학생들을 번호로 부르지 않는다. 성적순도 중요하지 않다. 점수도 큰 의미가 없다. 반장도 없다. 다같이 노는 것이 중요하다. 하교 길에 다릿길로 돌아가지 않고 지름길로 가자면 다같이 냇가의 징검다리를 건너야 한다. 외나무골 집까지 30분이나 되는 길을 지루하지 않게 걸으려면 다같이 가위 바위 보, 내기 걸음을 하는 것이 좋다.

그러다 보면 풀숲에서 작업하는
딱정벌레를 본다.
돌 틈을 기어나와 일광욕하는
장지도마뱀도 볼 수 있다.
운 좋으면 다래를 딸 수 있다.
또 산딸기와 오디도 한 웅큼 먹고 온다.
수줍은 고슴도치와

뱃살이 노랗고 억센 팔뚝을 가진 두더지,
목초 사이에서 발견한 뽀얀 산토끼 새끼,
1급수에서만 자란다는 도롱뇽,
태어난 지 얼마 되지 않았는데 네 발로
서고 걷는 동네 이장댁 새끼 송아지,
자연 속의 이웃들과 인사하며
집으로 돌아온다.

또 다시 선택하라 해도 두말없이 갈 수 있는 곳이 그곳이다. 그때 맡은 강원도 냄새, 강원도 공기를 우리는 기억한다. 일전에 시간을 내어 찾아간 강촌의 구곡폭포를 들어섰을 때 "와, 강원도 냄새다" 하며 차창을 활짝 열어 재낀다. 어린 시절 대뇌피질 속에 저장시킨 강원도 냄새가 우리를 깨운다.

이윽고 하사미 분교 1학년에 진학한 다음 우리 형제는 자연스럽게 한글을 깨우쳤다. 선행학습을 하지 않아도 성장기에 맞춰 학습능력이 평준화된다는 사실을 몸소 느꼈다. 따라서 성장기에 맞는 교육을 충실히 하기만 한다면 모자람 없이 능력 있는 사람이 된다는 것을 우리 형제 의사들은 증거한다. 도리어 성장기에 맞지 않는 과다한 교육이 인성 실조나 미숙한 감정을 야기시키는 부작용이 있다.

여하튼 한글을 깨우친 기념으로 우리는 우리만의 한글날을 갖기로 하였다. 학교 공부와는 별개로 집에서 33권의 그림동화책 '위대한 탄생' 전집을 읽고 독후감 쓰기를 마치면 우리의 한글날을 만들기로 말이다. 그리고 '무엇이든 해 줄께' 하는 보상을 약속받았다.

마침내 독후감을 끝내고 우리만의 한글날을 맞이하였다. 약속대로 보상을 받았다. 태백 시내에 아빠와 함께 나가 사가지고 온 것은 다름아닌 3,000원짜리 지갑 같이 생긴 다이어리였다. 당시 아이들 사이에 유행인 다이어리를 엄청 행복해 하며 주머니에 차고 다녔다. 아마 대도시에서는 볼 수 없는 모습이리라.

욕심도 환경에 맞춰 수준이 조절되나 보다. 자기에게 알맞는 기쁨을 누리는 것이 그토록 행복할 줄이야. 작은 일에도 크게 행복할 수 있는 아이의 모습이다. 그래서 다시 아이처럼 되길 희망하는 말이 '동심으로 돌아가자'는 말인지 모르겠다. 아이들은 작은 것을 가지고도 까르르거리며 행복하게 지낸다. 어른이 되어서도 작은 것에서 행복감을 느낀다면 얼마나 좋을까.

경쟁사회가 너도나도 앞지르기에 정신 팔리게 만들었다면 우리 교육은 역주행을 하였다. 글자를 하나라도 먼저 익혀 책 읽기에 몰두하는 판에 우리는 글 없는 세계로 역행했다. 하지만 마냥 글 없는 세계에 머물 수는 없다. 언젠가 껍질을 깨고 나와야 했다. 그러다 보니 강원도 분교까지 찾아갔다.

이제는 또 다른 '껍질 깨기'가 필요하다. 언제나 그렇듯이 거기엔 노고가 들어간다. 진통이 따르는 것이다. 그런데 성장기에 맞는 교육이 충분하다면 '껍질 깨기'가 비교적 수월해진다. 충분히 '글 없는 세계'를 누렸다면 이후 초등학교 과정에 진입하여 글을 익히고 수학을 공부하기에 결코 지루해 하지 않는다. 그만큼 글 없는 세계의 즐거움이란 발판을 단단히 다졌기 때문이다.

찬찬히 노고 들이는 일을 견딜 수 있게 하는 힘은 앞지르기에 안간힘을 쓰지 않았기 때문이다.

노고 들이는 일도 즐겁고 경쾌하게 대할 수 있었던 것은 자연에서 얻은 생명의 기쁨 때문이다. 이제는 노고 가운데 터득한 배움이 축적되어 한걸음씩 더 나아갈 수 있다. 고단하다고 노고 들이기를 회피하기 시작하면 견뎌내는 힘은 고사하고 무력감으로 제자리에 주저앉고 만다. 더 이상 성장하지 않고 어린 시절에 멈춰버린 키와 같다고나 할까.

성장과 배움은 기쁨을 준다. 더 넓은 세계를 본 콜럼버스와 같다. 이렇게 한걸음씩 노고를 들이고 성장한 덕에 바야흐로 홈스쿨을 성공적으로 마쳤다.

글 없는 세계에서 강원도 분교로 그리고 홈스쿨까지 우리의 성장에 맞춰 '껍질 깨기'는 계속 이어졌다.

아마도 중고등학교 과정을 3, 4년의 홈스쿨로 끝내고 대학에 들어갔다면 그것도 의대와 KAIST에 입학했다면 엄청난 속도로 몰아붙였으리라 생각할 것이다. 그러나 결코 그렇지 않다. 학원 한번 가지 않고 순전히 집에서만 공부했다. 또 홈스쿨 내내 공부만 하지 않았다. 첫 해와 둘째 해는 여행과 미술, 피아노와 드럼과 기타 연주를 배웠다. 수영과 농구 등 체육활동도 하였다. 그리고 2년 간의 집약적인 수험공부 끝에 검정고시와 수능 정시모집을 통과하여 대학진학을 하였다.

    우리 형제는 글 없는 세계부터 시작하여 강원도 자연 속에서의 배움을 결코 잊지 않는다. 노고 없이 이루어진 일은 없다. 그에 걸맞는 보상을 받을 만큼 힘겨운 노고가 있었다. 껍질을 깨는 진통이 있었다. 그러나 이 모든 것을 즐거움으로 대할 수 있었기에 여기까지 왔다. 물론 앞으로도 견뎌야 할 고단함과 노고가 있겠으나 보다 넓은 세계를 보상으로 받을 것에 비하면 고단함이나 노고 따위는 가히 비교도 되지 않는다.

    혹시나 지칠 때면 자연에서 쿵쾅거리는 생명의 비트beat를 우리는 대뇌피질에서 다시 꺼내올 수 있다. 우리 몸에는 산 계곡 돌 틈 사이로 흐르는 시냇물 소리가 고스란히 저장되어 있다.

    톡톡 튀어 다니는 물새우,
    돌 그늘 사이에 잠복해 있는 도롱뇽,
    어디로 굿 판을 벌이러 가는지 붉고 파란 옷을 걸치고
    느린 보폭으로 물길을 건너 뛰는
    무당 개구리,
    어떤 놈이든 집게로 거머질
    자세를 하고 있는 가재,

풀 대롱을 뒤집어 쓴 신기한 물벌레,
그리고 거머리와 장구벌레들이
물 위로 반짝거리는
하늘 그림자를 덮어 쓰고
자연을 숨쉬고 있다……

나도 숨쉬고 있다.

제 4 장
인생 메시지

2004년 1월 첫 주 토요일, 우리 형제들의 홈스쿨 입학식이 있는 날이다. 널찍한 거실에 모인 사람은 30명 남짓, 홈스쿨 입학 축하를 위해 지인들이 초대를 받았다.

홈스쿨로 말하자면, 학교가 집이요 집이 곧 학교다. 자칫하면 학교가 집의 아늑함을 독차지하거나 거꾸로 집의 느슨함이 학교를 망가뜨릴 수 있다. 집과 학교, 구분 없이 뭉개지기 시작하면 한없이 망가질 수 있는 불안하기 짝이 없는 곳이 홈스쿨이다.

    이게 집인지, 학교인지?
    뭐가 교육이고 뭐가 노는 건지?
    언제부터 공부시간이고 종례는 언제인지?
    누가 선생님이고 뭘 가지고 공부하라는 건지?
    내 실력은 어디쯤이고 어디까지 해야 하는지?
    입학은 언제고 졸업은 언제인지?
    이래서 뭐가 되는 건지?
    도대체 왜 하는 건지……?

  이렇게 이상한 학교의 이름을 발표했다.
  〈광야학교〉! 이름하여 '빈들학교'
  그런데 '빈들'거리다는 단어의 사전 풀이가 '별로 하는 일 없이 뻔뻔스럽게 게으름을 피우며 놀기만 하다'라는 데 매우 놀랐다.
  〈광야학교〉가 부정적인 양상을 띨 때 그 모습을 매우 정확하게 표현하고 있었다. 그래서 학교 운영이 잘 될 때에는 긍정적인 의미로 〈광야학교〉라 부르고, 운영이 안 되고 망가지고 있을 때에는 〈빈들학교〉라 부른다.
  광야와 홈스쿨은 구조과 상태에서 지리적으로나 인문학적으로 닮은 점이 매우 많다.
  닮은 꼴을 비교해 보았다.

■ 광야에는 길이 없다. 지도가 없다. 네비게이션이 작동되지 않는다.
  ▫ 홈스쿨은 왕도가 없다. 어디로 가면 된다는 법이 딱히 없다. 홈스쿨 안내 책자도 거의 없다.

■ 광야에는 물이 없다. 바위를 깨고 파야 한다.
  ▫ 홈스쿨은 준비된 교과서가 따로 없다. 만들어야 하고 또 파고 들어야 한다.

■ 광야에는 이정표가 없다. 정해진 가이드도 없다.
  ▫ 홈스쿨은 교과과정이라고 하는 커리큘럼이 따로 없다. 선생님이 정해지지 않았다. 선배도 없다.

■ 광야의 대낮은 구름 한점 없이 뜨겁고, 밤은 몹시 춥다. 열기와 냉기를 피하지 못한다.
  ▫ 홈스쿨은 학교라는 제도 밖에 있어 학교가 주는 보호와 안정감이 제공되지 않는다. 교복을 입지 않는 홈스쿨 학생은 뭔가 문제 있는 시선으로 보는 사회로부터 자유롭지 못하다. 버스 탈 때와 도서관 출입증을 만들 때 보면 느낄 수 있다.

■ 광야에서는 사람을 만나지 못한다. 친구 보기 어렵다.
  ▫ 홈스쿨은 친구를 사귀기 어렵다. 다들 학교와 학원을 가기

때문에 시간대가 달라 친구를 만나기 어렵다.

■ 광야에는 뱀과 전갈이 있다. 뜻밖의 위험이 도사린다.
□ 홈스쿨 역시 뜻밖의 어려움이 출현한다.
부모 사이의 갈등, 형제 간의 충돌, 무력감, 우울함, 고립감, 나른함, 외로움, 절망 등
그뿐 아니라 이웃들의 연이어지는 부정적인 질문들
"학교 안 가고 뭐하니?"
특별하게 생각하든, 문제아로 생각하든 부담스런 질문에 똑 같은 대답하기 귀찮음 등등.

이밖에도 광야와 홈스쿨의 유사점을 수없이 찾을 수 있다. 그래서 우리 홈스쿨을 〈광야학교〉라 부르기로 했다. 그런데 광야에서 많은 위대한 위인들이 배출된 것을 보면 가히 '학교'라 부를 수 있지 않나. 광야의 위인들, 아니 성인들은 이렇다.

아담의 첫 노동현장은 낙원이 아닌 광야였다. 그곳에서 생명의 의미를 발견했다. 땀을 흘리는 노동을 통해 생명에 대한 애착을 느낄 수 있었다.

아브라함이 인생의 기로에서 선택한 지역은 소돔과 고모라 같은 도시가 아니라 광야였다. 심판하러 소돔 도시를 향해 가는 천

사들을 대접한 곳이 광야였으며 도시를 위한 선지자 역할을 하였다.

모세는 인생의 1/3를 광야에서 배우고 남은 1/3를 광야에서 가르쳤다.

다윗은 왕의 기름부음을 받은 후에 광야로 나갔고 광야로 용사들이 모였으며 광야에서 왕으로서 지도력을 키웠다.

엘리야는 광야에서 자신의 인간됨을 발견하고 광야에서 메시지를 들었고 광야에서 생애 마지막 소명을 받았다.

요나는 광야에서 마지막 때에 대한 메시지를 가지고 살았고 세상을 향해 구원을 제시하는 요나서를 기록했다.

세례 요한은 어린 시절부터 광야에서 자라며 학교를 다녔고 광야에서 메시야의 길을 여는 사역을 시작했다.

예수는 사역을 시작할 때 제일 먼저 광야로 들어갔고 사람들을 광야로 초대하여 훌륭한 식탁을 차렸다.

그 후로 많은 성인 성자들이 광야에서 배출되었으며 지금까지 세상 곳곳을 광야 삼아 봉사하고 일하는 위대한 사람들이 셀 수 없이 많다.

우리 홈스쿨도 광야의 메시지를 가지고 출발하였다.

연이어 6월에는 형 생일에 맞춰 자신의 인생 메시지life message를 직접 발표하는 시간을 가졌다. 또 이듬해 6월에 연년생인 동생 역시 자신의 인생 메시지를 형과 똑같이 발표하였다. 이렇게 광야의 메시지와 더불어 우리 홈스쿨은 시작되었다.

홈스쿨 입학식 때 있었던 〈광야 메시지〉의 핵심이다.

〈광야 메시지〉

"예수 시대에는 사두개인과 바리새인, 2종류의 길을 따라서 사람들은 살았습니다. 사두개인은 성전을 중심으로 종교 사회 시스템을 만들고 종교 관료들을 배출했습니다. 또 그와 다르게 바리새인은 명문학교를 세워서 지성과 영성을 겸비한 엘리트를 양성했습니다. 그런데 예수는 두 가지 길과 전혀 다른 길을 선택했습니다. '광야'의 길입니다. 예수는 광야에서 3가지 시련을 통해 자신의 정체성과 목적, 가치관을 확실하게 밝혔습니다.

첫 번째는 삶의 이유, 자신의 목적입니다.

광야로 나왔을 때 제일 먼저 갖는 고민은 '어떻게 먹고 살까' 하는 것입니다. 광야까지 나와서 여기 있는 돌들을 어떻게 빵으로 만들어 먹고 살 수는 없을까 생각합니다. 광야에 나온 이유는 '돌을 빵으로 만들기 위해서'가 아닙니다. 먹고 살 것을 궁리하기 위해 〈광야 학교〉를 선택한 것이 아닙니다.

흔히 공부하는 이유, 학교 다니는 목적은 좋은 직장에 들어가 돈을 많이 버는 것입니다. 어떻게든 돌투성이에서 돈 되는 일을 해보라는 세상입니다. 실제로 예수가 유혹을 받았던 유대 광야에는 최고급 건축자재인 예루살렘 암석 jerusalem stone이 생산됩니다. 유럽 호텔 건축에 비싼 값으로 팔린답니다. 돌을 그야말로 빵으로 만드는 유대인의 상술이 대단해 보입니다. 하지만 그 땅에 사는 목적이 돌을 팔아 돈을 만들기 위해 사는 것은 아니겠지요.

홈스쿨은 돌을 빵으로 만들기 위해 선택한 학교가 아닙니다. 잘 먹고 잘 살기 위해 홈스쿨을 택한 것이 아닙니다. 인생 메시지 life message를 발견하고 그 의미를 따라 살기 위해 선택한 학교입니다.

광야는 메시지를 듣고 삶의 원리를 배우기 위해 TV와 게임을 끊은 곳입니다. 자기 마음대로 즐기며 사는 곳을 떠나 광야로 들어갔습니다. 인생의 메시지를 듣기 위해서입니다. TV와 게임과 인터넷 컴퓨터 속에서는 삶의 메시지를 들을 수 없습니다. 세상의 복잡한 소리만 들립니다. 광야로 나와야만 내가 어떻게 사는 게 좋은지, 나의 삶의 목적은 무엇인지 발견할 수 있습니다.

그런데 광야까지 나와서 먹고 살 길만 생각하는 사람이 있습니다. 즐길 것 다 즐기고 남들이 하는 것 다 하려는 사람이 있습니다. 홈스쿨을 하면서도 TV와 게임, 휴대폰 채팅같이 즐길 것 다 즐기고, 내가 하고 싶은 대로 다 한다면 삶에 대한 메시지를 들을 수 없습니다. 홈스쿨 하는 목적을 잃은 것입니다.

잠시 즐기는 것들을 제한하고 삶의 목적을 발견하기 위해 귀를 기울인다면 메시지를 듣게 됩니다.

우리가 〈광야 학교〉라는 홈스쿨을 선택한 것은 삶의 메시지를 듣고 메시지를 따라 사는 법을 배우기 위해서입니다.

두 번째 광야로 나온 이유는 '경쟁하지 않기 위해서'입니다.

예수는 '높은 곳에서 뛰어내려 보라'는 요구를 받았습니다. 떨어졌는데 기적적으로 다치지 않고 멀쩡하면 사람들 앞에서 손쉽게 신의 아들이요 메시야라 인정을 받지 않겠냐는 것입니다. 기적 같은 일이 벌어지거나 요행을 바라면서 쉽게 인생을 살고, 쉽게 인정 받으려는 마음은 누구나 받을 수 있는 유혹입니다.

그러나 '광야'를 선택한 이유는 그렇게 인생을 쉽게 살지 않겠다는 것입니다. 기적 같은 일을 바라면서 무모한 일을 벌이지 않겠다는 것입니다. 요행을 바라면서 간당간당한 삶, 위태위태한 삶을 살지 않겠다는 것입니다. 실력은 없으면서 있는 척 허세 부리며 사람들로부터 그럴 듯한 인정을 받기 위해 〈광야 학교〉를 하는 것이 아닙니다. 고단하지만 하나하나 내가 노고를 들이고 진짜 자기 실력을 쌓고자 하는 것입니다.

예수는 단호하게 '경쟁하지 않겠다' '싸우지 않겠다'고 선언했습니다. 우리는 누군가와 싸우려고 실력을 쌓는 것이 아닙니다. 경쟁적인 사람이 되어서 누가 더 잘 하고 누가 더 못 하나, 비교하려고 〈광야 학교〉를 하는 것이 아닙니다.

사람다운 사람이 되고 참된 실력을 쌓으려는 것입니다.

경쟁하지 않는 태도일 때 비로소 진정한 배움이 시작됩니다.

남과 비교하지 않을 때 진짜 내가 아는 지식이 됩니다.

그런 지식은 사람을 빼기게 하지 않습니다.

사람을 위한 지식이야말로 참된 지식입니다. 돈을 위한 지식이 아닙니다.

경쟁적으로 싸우는 사람은 어떻게든 이유를 들어 불평하며 원망합니다. 자신의 환경과 처지에 만족하지 않고 뭐라도 부족한 것을 찾아 불평하고 탓을 합니다. 우리는 불평하려고 나온 것이 아닙니다. 경쟁하며 싸우려고 나온 것이 아닙니다. 부족함을 극복하고 일을 긍정적으로 만들고 협력하기 위해 나왔습니다. 이런 사람이 진정한 사람이고 사랑하는 법을 아는 사람입니다. 그때 비로소 인정을 받습니다.

세 번째 광야로 나온 이유는 '가치'를 알아 보기 위한 것입니다.

인생의 가치를 돈과 권력에 두라고 세상은 요구합니다. 그러나 진짜 가치는 거기에 있지 않습니다. 우리는 광산의 어둠 속 갱도를 파고 지하에 묻힌 은과 금을 캐듯이 귀하고 가치 있는 것을 찾기 위해 〈광야 학교〉로 나왔습니다. 어느 것보다 가치 있는 일이 무엇인지 알기 위해 나왔습니다. 그래서 시스템을 벗어나 자기를 제한하는 용기를 낸 것입니다.

가치 있는 일이 무엇입니까?

세상에서 가치 있는 것은 돈이 아닙니다. 권력이 아닙니다.

바로 생명입니다. 그리고 생명을 사랑하는 것, 그것이 지혜입니다. 이것을 배우기 위해 〈광야 학교〉를 하는 것입니다. 지혜 있는 자란 가장 가치 있는 것을 알아보는 사람입니다. 가치 있는 것을 알아본 사람은 자신의 모든 것을 몽땅 팔아서 그 값을 지불하고 삽니다. 우리 아이들은 〈광야 학교〉에서 발견한 가치들을 가지고 평생 헌신적인 삶을 살기를 바랍니다. 그러면 칭찬과 영예와 존경이 따를 것입니다.

어리석은 사람의 눈은 가치 있는 것을 알아보지 못합니다. 도리어 의미 없는 것을 좋아합니다. 수업시간에 떠드는 것이 그냥 재미있습니다. 누가 망가지는 것이 우습고, 망가뜨리는 것이 재미있습니다. 가치 있는 일을 해야 할 때에는 노고를 들이거나 헌신적이지 않습니다. 그저 쉽게 하려고 합니다. 건성으로 대충합니다. 그래서 삶이 의미 없는 것으로 가득찰 때까지 깨닫지 못하고 계속 갑니다. 그러면 허무와 수치와 후회만 남습니다.

가치 있는 것을 알아보는 것,
가치 있는 일을 하는 사람,

그런 사람이 가치 있는 사람입니다.
생명을 사랑하는 것,
생명의 일을 하는 사람,
그런 사람이 진짜 생명 있는 사람입니다.

이제 〈광야 학교〉를 시작합니다. 인생에서 가장 변화 많고 가장 영향을 많이 받는 성장 시기에 〈광야 학교〉를 시작한다는 것은 의미가 있습니다. 이 시기에 영향을 받고 배우는 것이 평생을 가기 때문입니다. 아무쪼록 인생의 메시지를 가지고 목적 있는 사람이 되기를 바랍니다. 그리고 평생 그 목적을 따라 살되 사람과 싸우거나 경쟁하지 않고, 부족함을 원망하거나 불평하지 않고, 일을 좋게 만들면서 가치 있는 일을 하는 사람, 생명을 사랑하는 사람이 되기를 바랍니다." ¶

입학식 이후에 '광야' 정신을 가지고 우리 집 환경부터 변화를 주었다. 거실의 TV는 물론이고 소파까지 치웠다. 8인용 큰 책상을 마련하여 가족이 모두 모일 수 있는 환경을 꾸몄다. 큰 책상은 온가족이 틈틈이 토론하고 발표하고 함께 작업할 공간이 되었다. 또 벽면을 향해 책상을 놓지 않고 벽을 등지고 앉을 수 있게 배치하였다. 벽면을 보고 혼자 공부하는 것이 아니라 여러 사람과 함께 이야기하며, 책을 보다가 곧장 토론할 수 있기 때문이다. 컴퓨터는 거실과 같이 열린 공간에 두었다. 개인 공간에 두면 뭘하는지 모를 뿐더러 딴짓하기 쉽다.

〈광야 학교〉에서는 안락함, 사생활 보호란 단어는 당분간 멀리 할 생각이었다. 함께 하는 자리가 더 중요하다. 함께 머무는 시간이 홈스쿨이다. 함께 경험하는 사람들이 홈스쿨이다.

그리고 거실을 도서관으로 바꾸었다. 모든 참고서와 사전과 책들을 쉽게 꺼내 볼 수 있게 진열하였다. 우리는 자기방에서 나와 거실에서 공부하고 활동하였다. 거실에는 별다른 가구 없이 넓다란 책상과 공간박스만 있었다. 그 위에 지구본이 있고 세계지도가 식탁밑 유리 속에 펼쳐져 있으며 백과사전을 쉽게 볼 수 있도록 꺼내어 펼쳐 놓았다. 벽면엔 우리가 그린 유화/아크릴화/펜화가 걸려 있다. 또 장식장엔 우리가 여행 다닌 곳에서 기념으로 주워온 돌맹이와 조개들이 있다.

같은 해 6월, 형의 생일에 맞춰 인생 메시지 life message를 발표하는 시간이 있었다.

유대인 풍습에는 '말씀의 아들'이란 뜻의 〈바르 미쯔바〉 bar mitzvah 세레모니를 13세를 맞이한 소년들이 토라를 읽으며 정식으로 유대공동체 회원이 되는 예식을 거행한다. 비로소 모든 율법과 규칙에 책임과 권한을 갖는다는 의미이다.

마침 우리 홈스쿨 시작도 같은 연령대였다. 그래서 우리 형제 생일에 맞춰 이와 같은 세레모니를 준비하기로 하였다.

〈바르 미쯔바〉에서는 히브리어로 토라를 낭독하는 반면, 우리 홈스쿨 세레모니에서는 자신의 인생 메시지life message를 준비하여 직접 연설을 하는 것이다.

한달 전부터 연설문 준비에 들어갔다. 먼저 13년 간의 자기 인생에서 의미 있는 경험을 찾아보기로 하였다. 그리고 아빠 하고 이야기하는 것이다. 그리하여 성경과 고전 등의 서적에서 자기 경험과 어울리는 철학적 메시지를 찾는 시간을 가졌다. 자기 인생 메시지life message를 탐색하는 시간이 되었다.

고심과 고민 끝에 형이 고르고 고른 메시지 주제는 〈잃어버린 양을 찾는 목자〉였다.

〈잃어버린 양을 찾는 목자〉

"저는 어렸을 때 지우개를 잃어버리거나 연필을 잃어버리는 일이 자주 있었습니다. 그때마다 찾은 경험이 있습니다. 중요한 물건을 잃어버렸을 때에도 간절한 마음으로 찾곤 하였는데 그럴 때마다 신기하게 찾았습니다.

한번은 우리 집 식구들이 서울 양재동에 모임이 있어 가는 중에 택시를 탔습니다. 저와 동생은 뒷자석에 엄마랑 같이 앉았습니다. 양재역에서 포이동 쪽으로 더 들어가는 길입니다. 도로가에서 내렸는데 택시에서 졸다가 내린 바람에 정신이 없었습니다.

한참 길을 가다 어째 허전한 감을 느꼈습니다. 아까까지만 해도 등에 가방을 메고 있었는데 지금은 없는 것입니다. 그러고 보니 택시에 두고 내린 것이었습니다. 갑자기 정신이 화들짝 깨었습니다.

'아차 잃어 버렸다.'

가방 안에는 오늘 모임에서 동생과 함께 쓰려고 준비한 크레파스와 스케치북 등 새로 산 것과 우리가 아끼는 물건이 꽤 있었습니다. 울먹이는 소리로 아빠에게 이야기했습니다.

아빠는 행동하면서 기도하고 기도하면서 행동하는 분입니다.

"잠깐 여기서 기다려봐" 아까 내린 도로로 뛰어갔습니다.

'벌써 떠난지 꽤 됐는데 어떻게 찾을까?' 무모한 걸음이 아닐까 생각했습니다.

그런데 아빠는 자신감과 직감에 따라 빠른 걸음으로 움직이면서 말하였습니다.

"내가 찾아올께. 저쪽으로 택시가 갔으니 다시 유턴해서 돌아올 거야. 저쪽은 인가가 없어서 분명히 다시 양재역쪽으로 돌아올거야."

'하지만 택시 아저씨 마음대로 갈텐데' 우리는 생각했습니다.

길 건너편으로 건너간 아빠는 유심히 지나가는 택시를 살펴 보았습니다. 몇 대가 지나갔습니다.

'어라' 우리가 탔던 택시로 보이는 차가 정말로 오는 것이었습니다.

아빠는 두손을 버쩍 들어 택시를 막았습니다.

놀란 택시는 정차를 하였고 뒷자석에는 우리 가방이 고스란히 놓여 있었습니다.

이 사건은 우리 가족에게 놀라운 교훈을 주었습니다. 십중팔구 잃어버린 물건이 맞습니다. 포기해도 됩니다. '다시 사 주겠다'는 엄마의 위로에도 불구하고 안타까운 마음에 후회가 몰려와 눈물이 나는 것은 어쩔 수 없었습니다. 그런데 아빠가 멀리서 멜빵 가방을 번쩍 들어 보이는 모습이 눈에 들어올 때 '이게 생시인가' 하였습니다. 정말로 꿈 같았습니다.

'잃어 버린 건 난 데, 신기하게 끝까지 되찾아 오는 아빠가 함께 있으니'

이 이야기를 듣는 여러분도 이런 아빠가 자기에게 있다고 생각해 보십시오.

자기 실수, 자기 실책을 만회해 주는 목자가 있다고 상상해 보십시오. 삶이 달라질 것입니다.

이번 일에서 할 수만 있다면 뭐든지 끝까지 찾아보는 것이라는 교훈을 얻었습니다.

그렇다고 잃어버린 모든 것을 언제나 도로 찾았던 것은 아닙니다.

한번은 강원도 석성에서 살 때 저는 큼지막한 최신식 물총을 선물로 받은 적이 있습니다. 제가 가장 아끼는 물건이 되었습니다. 탄창처럼 물통을 끼워 넣고 몇 번 총신을 당기며 펌프질을 하면 그 압력에 물줄기가 발사됩니다. 저는 이 근사한 물건을 방과 후면 언제나 자랑스레 들고 다니며 개구리도 쏴 주고 방아깨비도 쏴 주었습니다. 저는 람보 흉내를 내며 물가를 이리저리 뛰어 다녔습니다. 저는 물총과 함께 자신감이 하늘을 찔렀습니다.

그런데 어느 날 물통에 물을 채우고 탄창 끼우듯 끼우다 조그만 물통 뚜껑을 떨어뜨렸습니다. 연두색의 물통 마개였습니다. 수풀 속에 떨어졌기 때문에 한참 고개를 숙이고 풀 사이를 뒤적였습니다. 그러다 허리를 폈을 때 주위를 보니 강원도가 온통 녹색 풀밭이었습니다. 그때만큼 강원도 풀밭이 서러웠던 적은 없습니다. 아무리 찾아도 없었습니다. 이튿날도 찾고 그 다음날도 찾았습니다.

저의 목자인 수색 대장 아빠에게 잃어버린 사실을 이야기하였습니다. 역시나 아빠가 전격적으로 찾아나섰습니다.

'이제 분명 찾고 말거야.'

아빠 역시 이튿날도 찾고 그 다음날도 찾았습니다.

아무리 찾아도 녹색 물총 마개는 보이지 않았습니다. 아무래도 강원도 풀 속에서는 무리였나 봅니다.

치명적인 단점만 찾았습니다. 이 최신식 물총이 중국 제품이라는 것입니다. 그래서 AS나 교환이 불가능하다는 점입니다. 그 작은 부품 하나 때문에 근사한 물총 전체를 못 쓰게 되었습니다. 안

타깝기 짝이 없습니다.

 전체를 그냥 버려야 하는 것입니다. 전체를 가지고 있어도 아무 소용이 없었습니다.

 제 인생을 돌아보면서 이 사건은 저에게 큰 의미를 주었습니다.

 100마리 양을 키우는 목자가 그 중 한 마리를 잃어 버렸는데 99마리를 놔두고 한 마리를 찾으러 떠났다는 이야기가 있습니다. 물총 사건 이전에 저는 이 이야기가 이상하게만 들렸지 깊이 생각하지 않았습니다. 그저 그런 이야기 중 하나였습니다. 그런데 작은 물총 마개를 잃어 버린 경험 때문인지 조금씩 목자의 마음이 이해 되기 시작했습니다.

 100마리 양은 목자 입장에서 '완전함'을 말합니다. 1대 99를 비교하여 효율을 따지자면 잃어버린 양을 일부러 찾으러 가지 않는 편이 더 이상 손실을 줄이고 편리함은 높이는 길입니다. 그런데 이것은 그런 계산을 하자는 이야기가 아닙니다. 잃어 버린 한 마리 양을 찾아서 전체 100을 채워야만 목자가 원래 목적했던 상태, 충만함이 이루어지기 때문입니다.

 이런 이야기는 또 있습니다. 10드라크마 동전을 가지고 있던 한 여자가 1드라크마를 잃어버렸을 때 온 집안을 청소하며 끝까지 찾는다는 이야기입니다. 아빠 하고 히브리어 단어공부를 했는데 여기 10이라는 단어는 히브리어로 〈에쎄르〉라고 합니다. 이 단어에서 십일조라는 단어가 나왔습니다. 그런데 '부요함'이란 히브리어 단어가 〈아쇠르〉입니다. 같은 어근을 갖습니다.

  10드라크마는 부요함을 상징합니다. 하나를 잃어 버렸다면 부요함도 상실한 것입니다. 하나 잃어 버린 것 때문에 풍요롭지 않게 되었습니다. 10을 다 채운다는 것은 풍요롭다, 충만하다는 뜻입니다. 그렇게 풍요로움을 모두 함께 누리자는 뜻에서 1/10을 가난한 사람, 이웃들과 나누는 정신이 십일조입니다.

  예수님이 광야에서 오병이어, 빵 다섯 개와 물고기 2마리로 5,000명을 먹이고 남은 조각들을 거둬들였는데 12바구니였다는 이야기가 있습니다. 충분히 먹고 남은 조각들은 사람들이 버리는 빵 조각이었습니다. 그런데 예수님은 잃어 버리는 것 없이 모두 거두라고 하였습니다. 그래서 버리는 것들을 모두 모아서 12바구니를 가득 채웠습니다.

  12라는 숫자는 '충만하다'는 뜻입니다. 당시에는 10진법이 아니라 12진법을 쓰는 시대였습니다. 12바구니를 모았으면 다 모은 것입니다. 끝까지 채운 것입니다. 이것이 잃어 버린 양을 찾는 목자의 마음입니다. 끝까지 다 찾겠다는 것입니다.

  이 메시지를 제 인생의 메시지로 삼는 것은 제 인생에서 잃어 버린 것 없이 목적을 따라 모두 다 채우는 충만한 삶을 살고 싶기 때문입니다. 이뿐 아니라 저는 이 세상이 본래 목적대로 충만해진 모습을 보고 싶습니다. 일이 틀어지고 뭔가 잃어 버리면 플랜B로 가면 됩니다. 하지만 본래의 목적과 의도 역시 사라지고 맙니다. 본래 이 세상이 존재하는 목적대로 충만하게 채워지길 바라는 마음에서 '잃어버린 양을 찾는 목자'를 저의 인생 메시지로 삼았습니다.

제 자신은 부족한 사람인 것을 느낍니다. 그러나 저를 채우시는 분이 늘 함께 하신다는 믿음을 가지고 있습니다. 저에게는 홈스쿨이 저의 부족한 것을 깨닫고 채워나가는 시간이 되기를 바랍니다. 그리고 성장한 다음에는 잃어 버린 사람들의 부족함을 채우는 삶을 살고 싶습니다. 모두가 더불어 풍요롭고 행복한 삶, 충만한 삶을 경험하기를 바랍니다."

이와 같은 내용의 인생의 메시지를 장장 50분에 걸쳐 나누었다. 물론 질문도 받고 더 많은 이야기가 틈틈이 섞여 있지만 13년 간의 인생 경험을 가지고 앞으로의 인생의 메시지를 정리하는 한 달 간의 기간은 마치 큰 산을 넘는 기분이었다. 앞으로 겪을 어려움은 아무것도 아니라는 생각이 들었다. 그도 그럴 것이 그 후 이어진 6개월 간의 캐나다 생활을 동생과 단 둘이 이겨나가야 했다. 두려움 없이 13살 소년이 동생이랑 캐나다 살이를 하고 돌아왔다. 그것도 한국인이 전혀 없는 곳에서 오직 영어로만 견디며 살아내야 했다.

인생 메시지를 나눈 경험은 마치 큰 산을 넘은 것 같아서 나머지 넘어야 할 산들은 비교도 되지 않았다.

어엿한 청년 의사가 된 형은 의과대학 시절뿐 아니라 지금도 라파엘 봉사단체에서 노숙자를 위한 의료봉사를 꾸준히 하고 있다. 잃어 버린 자를 찾는 목자의 메시지를 마음에 담아 조용히 끊임없이 봉사하는 모습에 박수를 보낸다.

이듬해가 되었을 때 동생의 인생 메시지를 발표하는 세레모니가 있었다. 그때 역시 6월 어느 토요일이었다.

한달 전부터 준비한 자신의 인생 메시지life message를 직접 연설하는 것이다. 형이 했던 것과 같이 13년 간의 자기 인생에서 의미 있는 경험을 찾아서 아빠랑 같이 공부하고 철학적 메시지를 찾았다. 형의 전철을 지켜보았으므로 금새 메시지를 붙잡았다.

그 주제는 〈능력이 주어지는 한 나는 무엇이나 해 낼 수 있다〉는 것이다.

〈능력이 주어지는 한 나는 무엇이나 해 낼 수 있다〉

"제가 13년이란 짧은 세월을 살았지만 경험한 것은 무진장 많습니다. 저는 무엇이나 해 보려고 도전하는 것을 좋아했습니다. 어린 시절 강원도 태백에서 지낼 때 풀과 벌레, 개구리, 뱀, 고슴

도치, 두더지, 산토끼들을 그냥 지나친 적이 없습니다. 가까이 다가가 한참 구경하고 손으로 만져보고 어떤 것은 집으로 가져오곤 했습니다. 그래서 '벌레잡기사'라는 별명까지 수여 받을 정도였습니다.

놀이동산을 다녀오면 레고로 놀이기구를 그럴싸하게 만들었습니다.

책에서 공룡을 보면 종이접기로 여러 가지 공룡을 만들어 쥐라기파크를 꾸미고 전시까지 하였습니다.

곤충이 있으면 자세히 관찰을 하여 그 기능을 닮은 마인드스톰 로봇을 만들기도 하였습니다. 그렇게 해서 2족 보행 로봇도 만든 적이 있습니다. 모두들 움직이는 모습을 신기하게 보았습니다. 사람들은 모두 2족 보행을 하는데 자기 자신은 신기해 하지 않으면서 로봇이 두 발로 걷는 걸 보면 놀라워하는 것이 이상합니다.

이렇듯 저는 상상이나 생각에만 머물지 않고 직접 만들고 움직이며 도전하면서 능력 키우는 것을 좋아했습니다.

"그래, 넌 할 수 있어. 너를 도와주는 이가 언제나 옆에 있단다. 자, 해 보자!"

저에게는 이런 메시지가 있습니다.

그런데 요한복음에서 이와 동일한 메시지를 가졌던 사람을 발견했습니다.

실로암의 소경입니다. 그 사람은 태어나면서부터 맹인이었습니다. 지금까지 한번도 능동적으로 자신의 삶을 선택해 본 적이 없습니다. 누군가 옷을 입혀 줘야 입었습니다. 또 먹여 줘야 먹고, 데리고 가야 움직이는 사람이었습니다. 지극히 운명적이고 대단히 수동적인 사람입니다. 스스로 자기를 변화시키기 어려운 사람입니다. 맹인이라는 운명 속에서 스스로 할 수 있는 것이 하나도 없었습니다.

이런 맹인을 예수님은 적극적으로 바꾸셨습니다. 물을 떠오라고 할 겨를도 없이 침으로 흙을 뭉쳐서 맹인 눈에 발랐습니다. 마치 토기장이가 그릇을 빚듯 맹인 눈을 다시 만지신 것입니다. 그리고 "이제 가서 실로암 물로 씻으라"고 하셨습니다. 보통은 말씀을 선포하거나 손을 얹기만 해도 기적적으로 치유가 되었습니다. 그런데 앞 못보는 맹인더러 성전 건너편 시온산 언덕을 넘어 골짜기 아래 실로암까지 걸어가서 씻으라 하신 것입니다. 이해가 되지 않습니다. 정상적인 사람도 15분이나 걸리는 거리랍니다.

그 자리에서 맹인이 눈을 뜬 것이 아닙니다. 이전과 같이 아무것도 안 보이는 상태에서 맹인은 스스로 움직여야 합니다. 아무런 변화도 일어나지 않았는데 말씀을 믿고 스스로 발걸음을 옮겨야 했습니다. 그것도 15분 이상 말입니다. 무척이나 긴 시간이라 느껴졌을 것입니다. 길을 더듬으며 갈 때 사람들은 비아냥거렸을 지도 모릅니다.

예수님은 어째서 맹인을 실로암으로 보내셨을까 생각해 보았습니다.

왜냐하면 맹인은 세상에 태어나 한번도 스스로 움직여 본 적이 없기 때문에 난생 처음 믿음을 일으켜 움직여야 하는 것입니다. 스스로 움직이는 법을 배워야 했습니다.

실로암의 소경이 눈을 떠서 보게 된 다음부터,

자기 길은 자기가 선택해야 합니다.

자기 옷은 자기가 골라야 합니다.

자기 먹을 건 자기가 벌어야 합니다.

자기 인생은 자기가 책임져야 합니다.

그러기 위해 믿음을 일으켜야 합니다.

능동적으로 움직이는 법을 배워야 합니다.

스스로 움직이고 선택하는 삶이 힘들다고 옛 생활로 돌아갈 수 있겠습니까? 두렵다고 다시 수동적인 삶으로 돌아갈 수 있겠습니까? 구걸하는 생활은 결코 자존감 있는 삶이 아닙니다.

능동적인 삶만큼 자존감이 충만한 삶은 없습니다. 용기란 능동적인 사람의 언어입니다.

저도 홈스쿨을 시작하면서 실로암으로 가는 믿음의 길을 선택해서 걸어가려고 합니다. 제 인생은 믿음의 여행이라 생각합니다. 메시지를 가지고 능동적으로 움직이는 삶, 자발적으로 선택하되 실패를 두려워하지 않는 삶을 살고자 합니다.

저는 '능력이 주어지는 한 나는 무엇이나 해 낼 수 있다'는 메시지를 저의 인생 메시지로 삼았습니다. 앞으로 도전할 것들, 넘어야 할 산들이 많을 것입니다. 그러나 믿음을 사용하면서 나아가면 산도 옮겨진다고 하였습니다. 겁을 내며 생각만 하다가 물러서는 일을 하지 않을 것입니다.

저는 어릴 때부터 '사자'라는 별명을 받았습니다. 한번 물면 놓치지 않는다고 해서 그렇습니다. 끝까지 투지를 가지고 이루어 내는 사람, 결국에는 해 내는 사람, 능력 있는 사람이 되기를 소원합니다. 조건이 좋고 풍요로운 곳은 물론이고 환경이 어렵고 조건이 열악한 곳에서도 능력을 발휘할 수 있는 사람이 되길 바랍니다. 어떤 처지에서든 무엇이나 해낼 수 있는 사람, 그것이 제가 바라는 모습입니다."

홈스쿨 1년차에 우리 형제들에게 도전 과제가 주어졌다.

중학교 1학년 수학 전체를 10일 동안 하루종일 수학공부만 하면서 끝내자는 것이었다. 교과과정상 중1 수학을 1년 기간으로 쪼개놓아서 그렇지 하루 6시간씩 하루종일 공부하면 10여일이면 마칠 수 있다는 계산이 되었다. 이리하여 도전은 시작되었다.

잘 아는 어느 부부가 평택에서 학원을 운영하는데 그곳에 가서 생활하며 공부하도록 사전에 부모의 부탁이 있었다. 아침 10시에 시작해서 밤 11시 학원 뒷정리까지 끝내고 숙소로 돌아갔다. 이런 생활 하기를 12일 동안. 마침내 다시 우리 집에 돌아왔을 때 중

1부터 중3 수학까지 모두 끝내고 왔다. 처음 목표는 중1 수학만 이었는데 하다보니 중3까지 할 수 있을 것 같았다. 한꺼번에 다 마친 우리 형제들의 뿌듯함은 말할 것도 없었다. 그렇게 해서 얻은 자신감으로 이후의 다른 과정도 도전할 수 있었다.

이번엔 영어다. 캐나다 영어연수 6주 기간을 이용해서 모두 6개월 체류기간 동안 현지인 홈스테이를 가졌다. 홈스쿨과 마찬가지 현지 대학생의 도움을 받으며 가정에서 학습 지도를 받았다. 캐나다 갈 때에는 그저 Abc 철자 정도 썼다.

'능력이 주어진다면 나는 무엇이나 해 낼 수 있다.'

이 메시지는 생생하게 살아 있었다.

이 모든 기간을 마치고 돌아온 후, 영어 능력에서 현저한 변화가 나타났다. 수능 영어로 무난히 진입할 수 있었고 수능 영어 시험에 장애를 느끼지 못했다.

그러나 무엇보다도 영어 소통에 두려움이 없었다. 캐나다에서 돌아오는 귀국길은 우리 형제 둘만 캐나다 빅토리아섬 코목스 시골에서 국내선으로 벤쿠버 국제공항까지 이동한 다음, 다시 일본행 비행기로 갈아타야 했다. 이어서 일본 나리타에서 하루밤 지내고 아침 일찍 인천공항행으로 갈아타는 일정이었다. 캐나다 항공은 물론이고 일본 항공마저 영어로만 소통 가능했다. 가이드해 주는 어른이 없었다. 형제가 가방을 싸고 스스로 알아서 일본 호텔을 찾아 다녀야만 했다. 귀국길에 비행기 옆 자석에 말레이지아 누나가 탔는데 어느 사이 형은 영어로 말을 하고 있었다. 영어로 대화를 하는데 한국말처럼 들리더래니! 그 외국인 누나의 도움을 받아 수월하게 일본 호텔을 찾았다. 식사도 해결했다. 그리고 다음날 새벽에 일어나 가방을 싸고 호텔에서 미리 보딩까지 하고 나리따 공항을 찾아 한국행 비행기를 탔다. 첫 여행이라 책임감 때문에 형은 한잠도 못잤다. 덕분에 동생은 룰루랄라 걱정없이 즐기며 왔다.

  누군가 자유로왔다면 누군가 섬겼기 때문이다. 이때부터 해외여행에 두려움보다 자신감이 생겼다. 그 후로도 형의 섬김은 계속 되었다. 리더십은 이렇게 발굴되었다. 또 믿고 따른 동생 역시 칭찬을 받았다. 부모 없을 때 형에게 속한다는 것은 대단한 순종이다. 보일 때만 그런 것이 아니라 부모 보이지 않는 곳에서도 그렇게 했으니 진정한 순종, 자발적인 순종을 한 것이다.

  공항 도착장에서 우리 형제들이 가방을 밀면서 나오는 모습을 부모가 보았을 때 깜짝 놀라셨다고 한다. 검게 그을린 얼굴도 그렇거니와 10cm나 훌쩍 커진 성숙한 모습에 눈이 휘둥그레지셨다. 캐나다 갈 때만 해도 아이 같은 모습이었는데 영어의 바다에 빠졌다 나온 모습은 의젓하고 굵직해진 청소년이었던 것이다. 또 큰 산 하나를 넘었다.

제 5 장
관계 속에서 배운다

1. 부모와의 신뢰 관계

어딜 가나 사탕과 콜라, 초코렛 과자, 게다가 조미료 스낵, 특히 장난감을 끼어 주는 유인성 악질(?) 과자가 만연하는 세상이다. 그러니 먹지 않도록 제한한다는 게 얼마나 힘든 일인지 모르겠다.

우리 집은 어려서부터 일찌감치 사탕과 초코렛, 콜라, 껌 등 단것 먹는 것을 조심 시켰다. 12살까지만이다. 이후부터는 스스로 판단해서 얼마든지 먹을 수 있었다.

이유는 아이 치아 건강이 부모 책임이라는 설명을 들었다.

또 정신 건강 때문이기도 했다. 당분을 과다하게 섭취할 경우 과잉된 에너지를 소모하기 위해 집중력이 떨어지는 일이 생긴다.

그리고 어릴 때 길들여진 입맛이 성장한 다음에도 영향을 주기 때문에 천연 식품의 입맛을 들이려는 부모의 정성도 이유가 됐다. 좋은 것 선택하는 법을 가르치고 싶으신 것이다.

그런데 무엇보다도 가장 큰 이유는 '욕구 조절'이라는 교육 효과 때문이다.

강원도에 살 때 근처에 있는 이모들이 아이들에게 초코파이를 나눠준 적이 있다. 7살 동생은 글쎄 먹지 않고 봉지채 하루종일 쥐고 다녔더랬다. 이모들은 "너 준 거니까 먹어도 돼" 하며 구슬렀다. 하지만 동생은 끝까지 허락을 받아야 한다며 먹지 않고 쥐고 다녔다. 다른 아이들은 일찌감치 까서 다 털어 먹었는데 말이다.

나중에 저녁 무렵 동생은 부모를 만났을 때 손바닥에서 뭉개진 초코파이를 펴서 보여주었다. 부모는 엄청 칭찬을 해 주셨고 그에 걸맞는 보상을 해 준 기억이 있다.

"그때 다른 아이들이 초코파이 먹는 거 부럽지 않았니?"
훗날 물어보셨다.

동생은 자연스럽게 말하였다.

"아니요. 부럽기는요? 걔네들은 그렇게 배우지 않은 걸요. 저는 (좋은 걸) 배웠잖아요."

동생에게 혹시나 박탈감이 있지 않을까 싶었는데 도리어 그 속에는 자기가 받은 교육에 대한 자부심이 있었다.
이렇게 해서 12살이 되면 먹겠다고 집으로 가지고 오는 사탕과 껌, 초코렛이 몇 봉지나 쌓인 적이 있다.

정말 이렇게 큰 아이들에게 사탕에 대한 박탈감이 남아 있지는 않을까?
성장기 아이들의 마음이 위축되거나 상처로 남는 것은 없을까?
가령 놀이방에서 다른 아이들은 사탕을 입에서 녹이고 있는데 혼자서 꾹 참고 있다면 어려움을 겪지 않을까?
우리 집에서는 이런 문제를 놓고 자주 논의하였다.
다른 아이들이 먹는 것을 보면 우리 형제들에게는 사탕과 껌이 '선악과'가 된다. 먹고 싶어도 부모가 먹지 말라고 한 말을 이미 들은 것이다. 어떤 어른이 "먹어도 괜찮아" 하며 주는 사탕이 우리들에게는 대단한 유혹이 되지 않을 수 없다.

'부모 말을 들을까, 저 어른 말을 들을까?'

꼬마가 부모의 말을 믿고 자발적으로 어른이 주는 사탕을 거절할 수 있다면 그야말로 대단한 부모와의 신뢰 관계가 아닐 수 없다. 스스로 사탕을 먹지 않을 정도라면 참으로 칭찬 받을 만한 믿음이다.

우연치 않게 우리 부모가 형제들이 이렇게 거절하는 장면을 몇 번이고 목격할 때마다 말을 들어 준 우리를 무척이나 대견스러워 하셨다. 그보다 마음 한 구석에 '우리 아이들에게 가장 좋은 것을 해주어야지' 하는 부모로서 최선을 다하려는 벅찬 다짐을 하시곤 했단다. 그리고 가슴 깊이 우리들을 안아 주시며 정말 건강에 좋은 먹거리나 놀잇감으로 보상을 해 주셨다.

만 12살까지는 아이에게 좋은 것에 입맛 들이게 하는 것이 부모의 일이라 생각한다. 부모란 아이의 세계 가운데 좋고 나쁜 것을 분별해서 좋은 것은 권장하고 나쁜 것은 미련없이 처리하는 역할을 한다. 그러기 위해서 부모가 먼저 좋은 것은 좋다고 하고 나쁜 것은 나쁘다고 할 수 있는 분별력이 있어야 한다. 만일 부모가 좋고 나쁜 것에 무분별하다면 아이도 무분별한 아이로 키우기 때문이다.

자기 욕구를 넘어서서 좋은 것을 선택한다는 것은 대단한 교육이다.

무엇보다 부모와 아이와의 '신뢰 관계'가 탄탄해야 한다.

결국 머리가 똑똑해서 좋은 것을 알아보는 것이 아니다. 부모에 대한 '믿음'이다.

우리 형제는 신뢰 관계 속에서 좋은 것 선택하는 법을 배웠다. 부모에 대한 신뢰가 충분하다면 부모가 좋다고 하는 것을 자기도 좋다고 받아들이며 선택한다. 부모가 제한하는 이유를 완전히 이해하지 못하고 또 과자 자체의 위해성에 대한 충분한 지식이 없어도 아이들은 '믿음'만 가지고 선택하면 된다. 그렇게 신뢰와 이해 속에서 자발적이고 능동적인 순종을 받아내는 것이라면 부모의 권위는 존경을 받고, 아이는 건강하게 성장한다.

우리 형제는 무엇이 좋은 과자이고 나쁜 과자인지 설명을 들으면서 이해하고 선택하는 법을 배웠다. 그래서 슈퍼마켓에 들어가 과자를 골라도 부모랑 실랑이 벌이는 법이 없었다. 물론 나쁜 과자도 먹고 싶은 마음이 굴뚝 같을 때가 있기도 했다. 하지만 부모와의 관계를 생각하고 욕구를 자제할 수 있었다. 부모에 대한 믿음을 따르기로 한 것이다.

그렇다고 아예 먹지 못하는 것은 아니다. 드물긴 하지만 이따금씩 가족축제의 의미로 '과자 자유의 날'을 가졌던 기억이 있다. 생일 같은 날이 되면 뭐든 사 먹을 수 있는 날로 만들었다. 우리 형제는 흥분해서 신나게 가게에 들어가지만 정작 사 가지고 나오는 것은 얼마 되지 않았다. 그것도 평소에 선택하던 것들이 주를 이루었다.

"이 가게엔 정말 먹을 게 없더라고요."

우리 부모는 식습관 교육을 위해 우리 형제들에게 단 것을 조심시켰다. 그런데 한번은 아줌마들이 배달하는 야쿠르트를 그때 우리들은 유난히 먹고 싶어했다. 비싸서 그런 것은 아니지만 부모의 교육 원칙상 선뜻 사주지 못 하셨다고 한다. 부모로서 미안한 마음이 들지 않은 것은 아니었다. 또 아이들의 욕구 불만이라는 결여의 문제도 생각하지 않은 것은 아니었다. 그럼에도 일관성 있는 교육에 구멍을 낼 수 없다는 마음 때문에 부모는 거기서 멈칫했다. 그렇다고 교육 원칙을 넘어서 들어오는 모든 걸 차단하지는 않았다.

원칙 위에는 사랑이 있고 그 위에는 신의 섭리가 있다. 넘어오는 것을 고마움의 손길로 받아들인다면 불안한 마음이 갈라지지 않는다.

바로 그 이튿날 어느 손님이 우리 집을 방문했는데 선물을 가지고 왔다. 좀 멋쩍은 듯이 꼬마 형제들을 위한 것이라며 내놓았다. 100원짜리 야쿠르트가 빼곡하게 들어있는 정사각형 상자였다. 냉동실에 넣고 우리 형제들은 두고두고 까서 먹었다. 야쿠르트 얼음과자가 됐다. 부모가 채울 수 없는 것이라면 천사가 너그럽게 채운다. 그렇다고 교육 원칙이 깨지지 않는다. 선물이라서 은혜로 먹지만 칫솔질이 늘었다.

마음은 은혜로 아름답게 하는 것이 좋다.

그래도 칫솔질은 해야 한다. 이제 성인이 된 우리들의 치아건강은 성공적이다. 치과질환이 없어서 만족한다.

그렇게 해서 키운 자제력은 커서 더 좋은 것을 선택할 때 큰 도움이 되었다.

좋은 것을 선택하는 훈련은 우리 형제를 성인이 되기까지 이렇게 성장시켰노라 자부할 수 있다.

한편으로 끝까지 먹겠다고 떼쓰며 자기 욕구 앞에 부모를 굴복시키는 응석꾸러기를 많이 본다. 아이의 커져 버린 욕구가 아이의 장래도 삼켜버릴 것만 같다.

물론 부모의 권위로 아이의 욕구를 누를 수 있겠다. 하지만 예상치 못한 부작용이 따른다. 권위적인 부모 앞에서야 거부하지 못하고 순응하는 것처럼 보일 수 있다. 하지만 수동적인 순종 뒤에는 어떻게든 자기 욕구를 채우려는 이면을 숨겨둔다. 이러한 이면의 욕구는 은폐하고 은닉하는 성질이 있어서 아이의 이중성은 더욱 고치기 어렵다. 평소에 착한 아이로 봤는데 어느 순간 돌변한다든가 투명인간처럼 정체를 알 수 없는 아이가 되어 버린다.

 욕구란 '이해'가 되면 조절이 된다. 두뇌의 전전두엽prefront lobe의 활동이 변연계limbic system라는 감정의 뇌를 조절하는 것이다. 두뇌는 신기하게도 의미가 생기고 합리적인 이해가 되면 전전두엽이 나서서 감정의 뇌를 통제한다고 한다. 그러면 충동성이 강한 욕구가 잠재워진다.
 욕구를 받아주면서 점점 더 커지는 것을 두손 놓고 지켜보는 것은 사랑이 아니다. 욕구를 조절할 수 있도록 이해시키고 소통하는 것이 교육이다. 그렇게 해서 조절이 되면 적절한 보상과 칭찬이 따른다.
 욕구가 작은 사람이 행복감은 더 크다는 사실을 기억하리라. 기다렸다가 먹는 간식이 더 맛있다. 적당한 공복감은 아이의 우울감을 없앤다. 의욕을 일으키는 호르몬serotonin이 더 잘 분비되기 때문이다.
 욕구 조절은 행복감을 키우는 가장 경제적인 방법이다. 감정 조절의 훈련, 자제력과 분별력에 대한 훈련이 아이를 지혜롭게 만든다. 이런 교육은 비용이 전혀 들지 않는다. 오히려 절감 효과로 아낀 돈을 우리 가족은 여행에 썼다.

 지혜란 머리에서만 나오지 않는다. 감정을 잘 조절하는 훈련된 가슴에서 나온다.

유대인들은 지혜를 3가지로 이야기한다.

머리의 지혜,
손의 지혜,
그리고 가슴의 지혜.

요리를 해도 학원에서 배워서 레시피를 따라 머리로 하는 요리가 있다. 머리의 지혜를 말한다.
레시피 없이 손재주가 좋아서 숙련된 손 맛으로 하는 요리가 있다. 손의 지혜이다.
마지막으로 신중하게 생각하며 분별력을 가지고 제한된 재료로 때에 맞는 절묘한 맛을 내는 요리가 있다. 가슴의 지혜이다.
머리와 손의 능력을 우리는 "똑똑하다" "재주있다"고 한다. 그런데 가슴의 지혜는 "분별력 있다" "사려 깊다"고 말한다.
가슴의 지혜가 바로 감정을 조절하는 데 있다. 욕구를 따라 기분 내키는 대로 행동하지 않고 신중하고 사려 깊이 행동하는 것을 말한다.

어린 감정에 머물지 않고 바른 관계 속에서 소통하며 성숙한 감정으로 성장하는 것.
짜증이나 화를 내기보다 성숙한 감정을 가지고 소통하며 갈등을 극복하는 것.

이것이 어른스러운 것이다.

발달 단계상 7-12세 아이들은 지적인 공부보다 감정을 훈련시키는 정서적 교육이 더 중요해 보인다.

사춘기에 접어들면 뇌의 신경세포인 뉴런이 '가지치기'를 받아 상당 부분 사라진다. 이때 충동적인 욕구를 조절하지 않고 맘내키는 대로 키웠다면 상대적으로 약해진 자제력과 사고력을 담당하는 뉴런들은 소거되고 만다. 한번 소거된 뉴런은 복귀되지 않기 때문에 충동성은 평생을 간다. 그러니 술, 담배, 게임, 도박과 여러 가지 중독성 매체들은 시작부터 하지 않는 것이 좋다.

적어도 12살 시기까지 부모와의 신뢰 관계 속에서 우리가 무엇을 배웠는지 경험 이야기를 하였다.

'3살 버릇 80까지 간다'는 말은 수 세대를 거쳐 경험된 사실이다.

좋은 것을 좋다고 여기는 법,

나쁜 것을 나쁘다고 여기는 분별력을 키우는 교육.

욕구를 조절하는 법,

성숙한 감정으로 키우는 법.

생각하고 이해하는 법을 키우는 교육이야말로 그 중요성을 이루 말할 수 없다. 성장시기상 이보다 더 가치 있는 지혜의 훈련은 없는 것 같다.

2. 형제 관계

우리 연년생 형제는 함께 홈스쿨을 했다. 이윽고 홈스쿨을 마치고 대학 들어간 다음 했던 말이다.

"(우리 형제가) 홈스쿨 할 땐 함께 놀고 함께 공부하는 친한 친구 같았는데 지금은 함께 길을 가는 동역자partner 같아요."

말대로 이후 여정도 같은 길을 걸었다. 둘다 동일하게 서울대학교병원에서 수련을 받고 하나는 재활의학과, 또 하나는 내과 전문의가 되었다. 그리고 의료 IT기업을 창업할 때 역시 동역자가 되어 함께 일하고 있다.

가치관이 같고, 추구하는 바가 같고, 상대의 입장에서 생각해 주며, 서로 짐을 져주려 하고, 자기가 좋아하는 것을 함께 나누고 싶어하는 모습을 보면 형제가 함께 한 홈스쿨은 기대 이상의 성공이라 하겠다.

지금도 동생이 하는 말은 "형과 같은 사람을 본 적이 없다"고 한다.
형도 이야기한다. "동생은 정말 대단해."
줄곧 인생길을 함께 가는 사람이 몇 명밖에 없으리라마는 제 갈 길 가는 형제가 친구가 되고 동역자가 되어 동행했다면 정말 행복하게 지냈다는 말이다. 우리 인생이란 따지고 보면 짧은 시간이요 사랑하기에도 부족한 인생이다. 그런 인생에서 앙숙이 되어 형제 간에 서로 싸우거나, 소가 닭 보듯 무심하게 지내고 친밀감이 없다면 이 얼마나 안타까운 일인가.

형에게는 동생이 엄마가 낳아준 최대의 '선물'이다.
동생에게 형은 앞서 가는 선배이자 친구 같은 최상의 '선물'이다.

우리 부모는 어린 시절 우리들이 치르는 의식을 엿보신 적이 있다고 한다. 마치 원주민 부족장 의식 같았다나. 아침 일찍 일어나더니 둘다 얼른 이부자리를 정리했다. 그리고 어제 가져온 레고 보따리를 방 한가운데 쏟았다. 친척집에 갔을 때 이미 연령이 지나버린 어느 형이 자기 레고를 모두 우리들에게 물려준 것이다. 상자와 메뉴얼은 없어졌지만 대부분 새 것들이다. 처음 보는 레고 인형들이 잔뜩 있었다. 해적 선장과 상어, 해골 뼈다귀와 야자나무, 우주선 모양의 레고까지 종류별로 가지가지 있었다. 어제 저녁에 가지고 오자마자 풀고 싶었지만 늦은 시간이라 참았다. 드디어 아침에 일어나자마자 개봉하였다. 침묵 가운데 펼쳐지는 의식 순서는 이렇다.

아무것도 손 대지 말기. 눈으로만 보기.

가운데 쌓아 놓고 두 사람이 동시에 가져가기.
 상대방 쪽에 자기가 원하는 레고 인형이나 블럭이 있으면 자기 것 중에서 상대가 원하는 것과 맞교환하기.
 교환은 언제나 그렇듯 1:1 교환.

 헌데 갑자기 형이 화장실이 급했다. "잠깐만" 하고 일어섰다.
 동생은 형이 올 때까지 긴장 속에 묵묵히 기다렸다. 마음에 드는 레고 인형을 살피느라 손은 대지 않고 눈만 깜박였다. 벌써 우선순위를 매기고 있다.
 형이 제자리에 앉았다. 의식은 다시 거행되었다.
 "준비, 하나, 둘, 셋."
 양팔을 이용하여 포크레인 집게 마냥 한가운데 쌓은 레고 더미를 한 아름 자기 앞으로 끌어왔다. 이내 분류 작업이 시작되었다. 내가 좋아하는 것, 마음에 드는 것, 별 흥미 없는 것, 없어도 상관 없는 것 등 중요도 매기기에 들어갔다. 그리고 어느 정도 작업이 마치자 교환이 시작되었다. 차근차근 레고 맞교환은 국가 정상들의 포로 교환 같았다. 무척이나 신중했다. 언젠가 소유 기간이 만료되는 때가 오기는 하겠지만 이때부터 레고 소유권이 정해지는 순간이다. 소유권이 확정된 다음에는 레고의 명의이전이 결코 용이하지 않다. 자기가 아끼던 레고의 희생 없이 상대방쪽에 원하는 레고를 가져오기 어렵다. 혹시 의견충돌이나 갈등이 생기지 않을까 하는 우려는 일찌감치 없었다. 벌써 이런 식의 암

묵적인 거래가 양자 간에 생긴 지 오래다. 이런 거래가 서로 만족스러운 모양이다. 아무런 충돌없이 이번 의식은 끝났다. 평화적인 거래다. 어른들의 개입은 없었다.

　서로가 만족스러운 평화적인 거래는 홈스쿨에서도 이어졌다. 우리 형제는 참고서나 문제집을 살 때 2권씩 사지 않았다. 1권만 사서 번갈아가며 보았다. 진도가 같아서 동일한 문제집을 풀어야 할 경우 한 명은 위쪽에 답을 쓰고, 또 한 명은 아래쪽에 기록하였다. 물론 문제집이든 참고서든 상대를 위해 깨끗하게 사용했다. 대신 메모하고 기록하는 자기 공책이 따로 있었다.
　옷을 살 때도 같은 옷을 사지 않고 취향을 달리하였다. 서로 바꿔 입을 수 있게 옷을 골랐다. 그러면 더 많은 옷을 다양하게 입을 수 있었다.
　이런 방식이 익숙해지다 보니 음식 주문할 때에도 서로 다른 음식을 시키고 먹을 때는 서로 나눠 먹었다. 그러면 2가지 음식을 주문한 셈이 된다. 평화적 거래가 효율을 높이는 방향으로 발전했다.
　이같이 균형 있는 나름의 질서가 잡힌 데에는 어린 시절부터 자율과 존중이라는 방식이 통했기 때문이다.

　'자유'의 정신은 '자율'로부터 나오고 '자율'은 자기 영역이 '존중' 받을 때 비롯된다.

반대로 '노예 정신'은 남이 시켜야만 움직이는 '타율성'에서 나오고 타율성은 자기 지분 없이 무임승차하듯 얹혀 살 때 나타난다. 부모는 우리들이 자유의 정신을 갖기 바랐다. 그러려면 스스로 움직이는 자율성을 키워야 했다.

시켜야만 공부하고 시켜야만 방을 치운다면 결국 노예처럼 소리치고 위협해야 한다. 남의 집 살듯 부모집에 얹혀 사는 모양의 아이들에게는 자기 영역에 대한 존중감을 기대하기 어렵다.

우리 집에서는 일찍부터 형과 아우의 영역이 주어졌다.
옷, 학용품, 장난감, 치솔, 가방 등. 소유가 하나 둘씩 늘어 날 때마다 형의 영역, 아우의 영역이 생겼다. 물론 공용도 생겼다. 함께 노는 것, 쓰는 것, 먹는 것, 자는 것.
서로의 영역이 생기면 책임도 지고 관리도 해야 한다.
자기 가방은 자기가 싸야 한다.
자기 방은 자기가 치워야 한다.
자기 이불은 자기가 정리해야 한다.
자기 옷은 자기가 챙겨야 한다.
홈스쿨 시절 집안일 역시 자기 영역이 따로 있었다.
음식물 쓰레기는 동생 담당,
재활용품 분리수거는 형 담당 등등.
설거지도 나눠 하고 집안청소도 분담했다.
이사할 때에도 자기 짐은 자기가 싸는 게 원칙이었다.

이쯤 하면 '자율'이 몸에 배인다.
부모의 솔선수범은 두말할 나위없다.

    형과 동생이 초등학교 3학년, 2학년 때 축령산 자락의 외딴집에서 시내 쪽의 가곡리 어느 아파트로 이사를 하였다. 2층 방에서 우리 형제들은 각자 자기 짐을 쌌다. 적어도 책들과 장난감, 자기 소지품은 자기가 싸야 한다. 우리는 마트에서 박스를 구해다 책을 차곡차곡 넣었다. 이렇게 십여 개 박스가 만들어졌다. 형과 동생은 2층 방에서 현관 문 앞에 대기하는 1.5톤 트럭까지 박스를 운반했다. 2층에서 내려올 때 중력을 이용하여 계단 난간 위에 박스를 올려 놓고 운전만 잘 하면 현관 앞까지 직통으로 운반할 수 있다. 벌써 냉장고와 가재도구를 다 실었다. 우리 형제들의 박스 짐을 끝으로 자가 이삿짐 센터 운영이 완료된다. 이사해서 짐을 풀 때에도 자기 짐은 자기가 풀어야 한다. 그래야 물건을 어디 두었는지 기억할 수 있다.
    이사하는 날은 짜장면 먹는 날이다. 가스 연결이니 뭐니 해서 주방 쓰기가 어렵기 때문이다. 오다가 짜장면집을 봐 둔 게 기억난다. 하지만 전화번호를 모르겠다. 우리는 아파트 창문을 열고 눈을 지푸리며 저 멀리 언덕바지에 있는 짜장면집을 보았으나 간판에 적힌 전화번호가 깨알 같아서 보이지 않는다. 마침 이사짐 쌀 때 쌍안경이 생각났다. 어디 있는지 금방 찾을 수 있다. 쌍안경은 '저산마루'라는 중국집 이름과 전화번호를 정확히 읽어냈다.

뜻밖에 스스로 자기 짐을 싸고 정리한 뿌듯함을 느끼는 순간이다.

한편 동생 것을 쓰고 형 것을 쓰려면 서로 허락을 받아야 한다. 함부로 쓰거나 넘나들지 않았다. 허락을 받고, 부탁을 해야 한다.
'예, 아니오'라고 표현하는 법을 우리는 집에서부터 배웠다. 굳이 한 식구인데 이렇게까지 교육할 필요가 있을까?
형은 동생을, 동생은 형을 존중하려는 것이다.
서로의 영역이 뚜렷해야만 상호 존중이 가능하다. 신사적이라는 말은 함부로 하지 않는다는 뜻이다.

특별히 형은 존중 받아야 한다. 형으로서의 가치는 먼저 인생을 시작했다는 데 있다. 그런데 어린 시절 형과 아우의 질서가 뭉개지면 형으로서의 가치나 동생으로서의 가치는 온데간데 없다. 서로 충돌하고 권한을 침범하며 간섭과 시비로 상처만 첩첩이 쌓인다. 그러면 어느새 형은 무력으로 동생을 압제하고 동생은 형의 비위를 살살 건드린다. 시시때때로 놀리고 약을 올리는 등 아옹다옹 엎치락뒤치락 애증의 형제 관계가 된다.

우리 집은 형의 가치를 확실히 보장했다. 동생에게 '존경의 훈련'이라 이름하는 〈관계 훈련〉이 시작되었다. 무슨 옷가지 선물을 받으면 형에게 우선권이 주어진다. 과자가 생겨도 형이 집어서 분배를 한다. 형에게 우선선택권이 부여되었다. 그뿐 아니라 여행을 가도 보다 중요한 책임은 형에게 주어진다. 여행 경로를 선택하거나 길잡이 역할을 할 때 형이 맡는다. 형이 먼저 시작하는 만큼 책임도 많고 결정권도 크다. 여기까지만 보면 동생에 대한 형의 횡포와 권한 남용이 걱정되리라.

우리 집은 동생의 가치를 확실히 보장했다. 형에게 '배려의 훈련'이라 일컫는 〈관계 훈련〉이 동시에 시작된 것이다. 우선선택권은 형에게 있지만 먼저 선택한 형은 동생을 배려하며 선택해야 한다. 동생 마음을 생각해줘야 하고 동생 입장을 고려하여 동생을 사랑하는 마음으로 결정해야 한다. 동생이 만족스러워할 때까지 과자 분배에 신경써야 하는 건 형이다. 여행에서도 먼저 일어나서 짐정리하며 동생을 부추겨 일정대로 움직여야 하는 것도 형이다. 형이 일정을 짜지만 동생을 챙겨야 한다. 동생이 형을 존경하는 만큼 형은 동생을 배려해야 한다.
 (정말 어려운 것은 형이라 생각한다. 권위란 그런 것이다. 권한이 크면 책임도 크다. 할 수 있는 폭이 크면 부담도 큰 것이다. 더 많은 자유를 가지면 그 만한 의무도 생긴다.)

영역과 역할이란 자발성 교육에서 상당히 중요한 요소임을 깨닫는다. 부모가 없는 상태가 생기면 동생은 형의 말을 따르고 형의 인도를 받아야 한다. 하지만 형은 동생이 상하지 않게 배려하며 존중해야 한다.

　자발성 교육은 맡겨진 역할 속에서 책임을 다하는 법을 통해 배운다. 우리 홈스쿨은 어디서나 영역과 역할이 존재한다. 그래서 존중하고 존중 받는다. 부탁하고 요청하면서 신사적인 관계를 맺는다. 자발성 교육의 중요한 부분이다.

　'예와 아니오'라고 자기 표현을 하는 것 또한 자발성 교육의 핵심이다.

　우리 나라 사람은 '예와 아니오' 표현에 희미한 것 같다. 그렇게 똑 부러지게 말하면 사람이 당돌해 보이고 거절하는 것 같아 미안하기 때문일까? 그래서 선뜻 나서지 않는다. 누가 시키면 아니라고 거절도 못하고 어정쩡한 상태에서 감당 못 할 부담만 늘어난다.

　내가 감당할 수 없는 일이라면 아니라고 말하는 것.
　자발성을 위하는 길이다.
　내 능력밖의 일이라면 할 수 없다고 말하는 것.
　자발성을 일으키는 길이다.
　내 권한 안의 일이라면 할 수 있다고 하겠지만 권한밖의 일이라면 아니라고 말하는 것이 자발성을 존중하는 길이다.
　내가 결정할 수 있는 일은 "예"라고 한다. 하지만 내가 결정할 수 없는 일은 "아니라"고 해야 자발성에 생기가 난다.
　어떤 일은 내가 변화시킬 수 있다. 하지만 변화시킬 수 없는 일도 있다. 내가 바꿀 수 있는 일은 "예" 하며 변화시키는 용기를 내면 된다. 그러나 변화시킬 수 없는 일은 "아니라"고 밝혀야 한다. 할 수 없음을 받아들이는 겸손함 역시 중요하다.

이와 같은 경계선boundary은 나 자신을 보호하는 의미가 있다. 자기 존중을 말한다. 거기에서 자발적인 사람, 용기있는 사람이 되는 것이다.

홈스쿨 정신 자체가 '자유'이다. '자발성'을 가지고 홈스쿨을 시작했다. 타율이 아니다. 누가 시켜서 한 것이 아니다. 그렇다면 명쾌하게 '예와 아니오' 표현을 하는 데 주저하지 않아도 된다. 내가 자유로운 만큼 상대방도 자유롭게 하는 것, 이것이 동등한 관계이다.

우리는 홈스쿨 형제 관계에서 많은 걸 배웠다.

서로 '예와 아니오' 자기 표현을 잘하는 사이인데,
서로 구속하지 않으면서 위해 주고,
서로 관심을 가져 주면서도 자기 영역이 뚜렷하고,
서로 좋아하는 것을 많이 공유하는데
나름 좋아하는 것이 분명하고,
서로의 능력이 겹치기도 하는데 전혀 경쟁적이지 않고,
서로의 장점을 칭찬하면서 비교하지도 않는,

이상하리 만큼 친하고 붙어 있기 좋아하는데도
엉겨붙거나 밀착되지 않고,
어느 정도 자유로운 거리가 있고,
언제나 양보하고 배려하고 존중하는데 뒤로 빼지 않고,
솔선하고 부탁도 잘하고 예쁘게 거절도 하고,
누가 잘하면 '나도 잘 할 수 있다'고 용기를 얻지,
상대를 전혀 깎아내리지 않는
그런 선한 형제 모습이다.

형제 간에 싸우지 않는 방법이 있다.

◎ 형과 아우 사이의 명확한 경계선을 갖는다.

형의 소유, 아우의 소유를 명확히 구분하고, 공용인 경우는 먼저 잡은 사람이 먼저 쓰는 원칙을 정하고, 꼭 필요한 경우는 상대방에게 부탁하는 등 경계선에 대한 원칙을 정해준다. 서로 침범하지 않으면 싸움날 일이 없다.

◎ 연장자인 형의 권위를 확실하게 인정한다.

물건을 고르거나 일을 결정할 때 언제나 우선권은 형에게 있도록 한다. 동생이 우선일 수 없다. 형과 아우의 질서를 세우는 것이다. 형에게 우선권과 결정권이 있는 만큼 형에게 책임이 주어진다. 아빠가 없을 때에는 아빠가 지는 책임을 형이 진다. 준비하고 계획하고 예산을 담당하고 문제를 해결해야 한다. 동생을 보호하고 보살피고 배려하는 일이 형에게 있다.

동생 마음에 불만이 없도록 과자를 나눠줘야 하고 일을 공평하게 처리해야 한다. 일컬어 '배려의 훈련'이다. 형에게 권위와 책임이 주어지는 만큼 동생도 할 일이 있다. 형을 존경하는 것이다. 권위를 인정하고 주어진 순서를 기다려야 한다. 아빠가 없을 땐 형의 말을 들어야 한다. 이름하여 '존경의 훈련'이다.

◎ 남의 물건을 써야 하고 도움을 필요로 할 때에는 부탁한다.
부탁한다는 것 자체가 상대방을 인격적으로 대우한다는 말이다. 인격적인 관계 맺는 법을 배우면 싸움이 나지 않는다. 욕을 하거나 상대를 무시하고 함부로 대할 때 감정이 상하고 싸움이 난다.
부탁이 부담스럽거나 들어주기 어려울 때에는 예쁘게 거절하는 법도 가르치라. 쌀쌀맞게 거절하는 것은 인격에 거절감이라는 손상을 준다. 예쁘게 거절하면 거절감을 느끼지 않고 돌아가서 다른 방법을 찾을 것이다.

◎ 몸싸움으로 번지지 않기 위해 언제나 대화로 해결한다.
이해가 넓어지면 아량도 넓어진다. 대화를 통해 이해를 시키고 또 이해를 받으면 화가 사라진다. 어린 나이일수록 이해가 짧기 때문에 금방 화가 난다. 성장하면서 이해를 넓힐 필요가 있다. 이해 시킬 수 있다는 자신감과 이해 받을 수 있다는 확신을 가지고 말로 설명하도록 노력한다.

◎ 서로의 차이를 인정한다.

형제 사이에도 어떤 점은 이해가 안 되는 구석이 있다. 이해가 되지 않아도 수긍은 할 수 있다. 상대방이 아프다면 아픈 것을 그냥 인정하는 것이다. 나와 다른 점을 빨리 인정할수록 판단하는 마음이 생기지 않는다. 일단 판단하고 단정짓는 마음이 생기면 마침내 상대방에 대한 고정관념으로 굳어져 상대를 벽처럼 느끼게 만든다.

형제 사이에 벽이 생기면 오해가 많아진다. 자기식대로 생각하는 편견과 고집이 늘어난다. 같은 부모 밑에서, 같은 환경 가운데 자랐는데 각자 이해가 다르고 생각도 다르다. 형제 간에 골이 깊어지는 이유가 이것이다. 서로를 비교하지 않고 차이를 인정하면 골이 생기지 않는다.

◎ 비교하지 않는다.

형제 간에 서로를 비교하는 만큼 독성이 강한 것은 없다.

시기/질투/부러움/경쟁, 이 모두가 치명적인 독이다. 시기와 경쟁은 목표를 보지 않고 비교대상을 주목하게 만든다. 비교대상이 가진 것을 부러워한다. 자기가 필요로 하는 것을 그 사람은 다 갖고 있다고 여긴다. (착각이다. 과녁을 잘못 봤다. 남의 과녁을 쏘면 어떻게 하나…)

열심을 내고 적극성을 발휘하지만 그것은 상대를 이기기 위한 것뿐이고 사실상 양과 질을 상대의 수준에 맞춘다. 그래서 친구가 공부하면 자기도 경쟁적으로 공부한다. 친구들이 노는 분위기면 자기도 공부하지 않아도 되는 줄 안다. 친구들이 무얼 하는 지가 중요해진다. 공부 시간, 양과 질은 주변 수준에 맞춰 결정한다.

 언제나 자기가 목표로 세운 수준 이상을 뛰어넘지 못한다. 어느 학교든 사회든 그렇다. 결과는 항상 그 수준을 밑돈다.

 자신의 성적 목표가 간신히 유급만 면하자고 생각하면 그 만큼의 열심밖에 내지 않는다. 그러면 겨우 턱걸이를 면하거나 유급당하는 신세가 된다.

 목표를 최상으로 정하면 그 만큼의 열심을 낸다. 결과는 능력의 최대치가 발휘되어 최상위가 아니더라도 만족할 만한 수준이 나온다.

 자기 안에 비교상대가 살고 있다면 이보다 비참한 일은 없다. 열등감에 못 이겨 자기 손거스러미를 뜯고 자기를 쥐어 짜며 산다. 안쓰러운 모습이다.

누가 더 그림 잘 그리니?
누가 더 공부 잘하니?
누가 더 능력 있니?
누가 더 예쁘니?
누굴 닮아서 그러니?"

이런 말을 다음 같이 바꿀 수 있다.
"넌 특별하구나."
"와, 뭔가 다른데."
"너에게 딱 맞는다."
"너만 할 수 있는 표현 같다…."

갑자기 의과대학의 화이트코트 세레모니 전날 밤, 아빠가 동생으로부터 전화를 받았다. 내일 본과 진입식으로 교수님들 앞에서 성실히 본과 수업에 임할 것을 다짐하는 화이트코트 세레모니를 한다고 이야기했다. 그런데 양복을 입고 입장해야 하니 구해 달라고 하였다. 갑작스러운 세레모니라서 동생은 빌릴 겨를이 없었다. 이러니저러니 따지면 걱정 끼칠 것 같아 두말없이 구해 주겠다고 하고 아빠는 전화를 끊었다. 주인공 없이 양복 맞추는 법은 평소에 입던 바지와 셔츠를 챙겨 매장을 다니는 것이다. 눈을 들어 보니 그동안 인식하지 못 했던 의류 할인매장이 주변에 즐비했다. 여러 군데 돌아다니다 양복 저고리를 골랐다. 그러나 바지는 맞는 사이즈가 없었다. 내일 다른 매장에서 구해다 놓기로 약속하고 다음날 시간 맞춰 찾으러 갔다. 양복이 잘 맞을지 모르는 채 구매하였다. 아빠 넥타이도 챙겼다. 가까스로 오후 5시 화이트코트 세레모니 직전에 도착했다. 아빠는 기숙사에서 동생을 만나 입혀 보았다. 18살 청소년이라 아직도 키가 크는 중이다. 양복 맞출 생각을 하지 못 했다.

어쩜 잘 맞는지! 기장을 줄일 필요도 없었다. 감탄사가 절로 나왔다.

아빠는 다시 발걸음을 돌려 집으로 향할 때 전화를 받았다. 세레모니가 끝나면 동생은 아빠와 함께 집으로 가겠다는 것이다. 세레모니 때문에 매주 토요일마다 보는 과목시험이 생략된 것이다. 이윽고 세레모니를 끝내고 동생은 아빠와 함께 집으로 갔다. 동생은 엄마에게 양복 입은 모습을 보여주고 싶어서 벗지 않은 채 현관 문이 열리기를 기다렸다.

이윽고 문이 열리자 글쎄 대전 KAIST에서 주말을 틈타 올라온 형이 나타났다. 동생의 양복 입은 모습을 처음 본 순간이다. 형은 심통을 부리지 않고 도리어 자기가 아끼는 롱코트와 점퍼를 꺼내와 동생에게 입히며 칭찬을 연발하였다. 부모는 적잖이 놀랐다. 으레 형은 동생 옷을 벗겨서 자기가 입어보려 할 줄 아셨나 보다. 아니면 형도 한 벌 사달라고 졸랐을 거라 생각하셨던 모양이다. 그런데 어째 부모가 동생에게 하는 칭찬을 형이 하고 있는 것이다.

"와 멋진데. 이것도 입어봐. 잘 어울린다…
역시 옷걸이가 좋아."

연년생 형제에게 보기 드문 모습이다. 어릴 때부터 쌍동이 키우듯이 형제가 서로 싸우지 않기 위해서 옷도 같은 것 입히고 신발도 같은 것 사주고…. 항상 똑 같은 것 두벌씩 사야 하는데, 우리 집은 그렇게 하지 않았다. 꼭 그 사람이 필요할 때나 요청할 때 비로소 채워주었다. 필요없이 같은 것을 2개씩 사지 않았다.

하지만 이번에는 부모가 물어보았다. "너도 한 벌 사줄까?"

"아니요 당장은 필요 없어요. 졸업할 때 한 벌 살게요."

말한 대로 형은 2년 뒤에 졸업식에서 입을 양복을 샀다.

부모가 칭찬하는 말을 형이 동일하게 동생에게 할 수 있었던 것은 형이 부모에게 속하였기 때문이다.

누구든지 속한 사람의 말을 하기 마련이다. 부모에게 속한 사람은 형제 간에 비교하지 않는다. 부모가 하듯이 동생에게 동일하게 한다.

선생님에게 속하면 제자는 선생님의 말을 따라 한다. 권위자에게 속하고 일치할 때 제자들끼리 싸우지 않는다.

3. 인생은 스토리다

생명은 씨줄과 날줄처럼 교차되어 얽혀 있다. 따로 떨어져 연결되지 않은 인생이란 존재하지 않는다. 디자이너의 설계에 따라 어떤 무늬가 꾸며질진 몰라도 실이 끊어지지 않고 서로 연결되어 있기만 하면 아름다운 타피스트리tapestry(명화가 새겨진 카페트)가 완성되는 것과 같다. 각자 저만의 무늬를 가진 생명의 연출자이다. 서로 만나는 만남과 사귐을 의미 있게 여기고 소중하게 가꿀 때 멋진 그림 같은 세계가 펼쳐진다.

우리 교육에서는 관계를 빼놓을 수 없다. 우리 형제는 다양한 사람들과의 관계를 충분히 활용하여 교과서 외 공부를 할 수 있었다.

할머니와 함께 있는 시간에는 할머니의 어린 시절 일제시대부터 해방과 한국전쟁, 유신시대의 이야기를 들을 수 있었다.

할머니에게는 오래전부터 간직해온 검은 도화지 묶음의 옛날 앨범이 있다. 물레방아가 그려진 표지는 벌써 가루가 떨어져나가 버릴 수밖에 없었다. 누구나 그럴 것이 첫 장에는 가장 중요한 인물들이 있다. 할아버지의 학생 교복 입은 사진이다. 실상 할아버지는 소학교를 다닌 적이 없으시다. 그런데 교복 사진이 있는 것은 할머니의 이루지 못한 바람을 사진으로나마 달래보려는 염망 때문이다. 억지로 교복을 입혀 사진 찍은 모습이 어째 서먹하게 보인다 했다. 배움이 절실한 할머니 소원이었음을 우리는 엿본다.

다음 장은 충주 제일침례교회가 개척할 당시 천막 교회 앞에서 최초로 침례 받은 7명이 함께 찍은 사진이다. 이 빛바랜 사진이 할머니에게 가장 소중한 사진인 것을 우리는 단번에 알 수 있었다. 앨범 뒷장으로 갈수록 할머니가 찍힌 사진을 거의 찾을 수 없다. 거의 유일하게 그분의 행적에서 자랑스럽고 기념이 될 만한 것이 바로 침례 사진이다. 인생을 변화시킨 획기적인 사건이기 때문이다.

할머니 역시 10세에 부모를 여의셨기 때문에 학교를 다녀본 적이 없다. 그래서 할머니는 특별히 친척들이며 촌수가 먼 조카들의 교복 입은 증명 사진들을 모아다 우리 앨범 한 장을 장식했다. 우리 할머니는 글을 배우지 못 하셨다. 그분이 글 없이 유일하게 소통하실 수 있는 것은 사진들을 보며 자식에게 이야기해 주는 것이다. 우리 아빠는 4대 독자다. 아빠는 이렇듯 할머니 이야기를 통해 유일무이하게 교복 증명 사진이 누군지 알 수 있다지만 우리 세대에 와서는 낯모르는 인물들이다. 우리 세대에 이르러 역사가 단절될 것이 뻔하다.

그러나 부모를 일찍 여의신 할머니에게는 교복 입은 증명 사진이 사는 데 힘을 주었다. 먼 친척이라도 그분은 연결짓고 싶으셨다. 그래서 교복 증명 사진들을 모아다 자랑스러운 모습을 보시며 사는 데 힘을 얻었다. 어쩐지 우리가 홈스쿨한다고 할 때 "교복 한번 입어보지 못하고…" 하며 애잔해 하시던 할머니가 기억난다.

생명은 스토리에서 힘을 얻는다. 어떻든 연결되면 스토리가 생긴다. 그래서 옛날 앨범이 할머니에게는 스토리북이었다. 이제는 의사 형제가 된 우리 손자가 할머니에게는 살아있는 스토리가 된다. 93세 할머니가 의사 손자들을 볼 때마다 기적처럼 벌떡벌떡 일어나실 수 있는 것은 할머니의 바랄 수 없는 염원을 의사 손자들이 이루었기 때문이다.

성경은 후세를 위해 기록되었다. 유대 민족은 선조들의 스토리를 자기 스토리로 삼으면서 자신의 정체성과 사는 힘을 얻었다. 그들은 사진이 아니라 글로 스토리를 전했다. 2,000년 동안 나라 없이 살다가 이스라엘을 재건한 것 역시 스토리의 힘이다.

우리 또한 유대인의 지혜를 글에서 배울 수 있다. 저들의 스토리를 나의 스토리로 삼는 것이다. 그러면 동일하게 그 스토리에서 생명의 힘을 얻는다.

할머니가 앨범 사진에서 스토리를 만들며 힘을 얻었다면 이제는 우리 세대가 새로운 스토리를 만들 차례다.

살아 있다는 것은 결국 스토리를 만드는 것이다. 우리 형제는 옛 기억을 잊지 않고 할머니의 스토리를 우리 것으로 삼기로 하였다.

이것은 우리 가족만의 스토리가 아니다. 동시대를 살았던 우리네 사람들의 서러움과 아픔의 스토리이다. 우리는 다양한 많은 사람과 연결을 지으며 우리의 자랑스러운 스토리를 만들 것이다. 그러면 우리의 스토리에서 사는 힘을 얻는 사람들이 생길 것이다.

이 책에 우리의 스토리를 담는 이유가 그것이다. 이렇게 우리와 연결 지으면 사람들은 또 다른 스토리를 탄생시킬 것이다.

생명은 스토리이다. ¶

우리는 '관계' 속에서 배움을 쌓았다. 부모가 만능이 되지는 못한다. 하지만 다양한 관계를 소중하게 여겼다.

영어를 잘하는 분이 있으면 영어의 도움을 받기 위해 부탁을 했다.

가까운 화가 후배가 있으면 그림을 배우기 위해 우리 형제를 맡겼다.

거기에 맞춰 교과과정을 만들었고 또 교과과정에 따라 '관계' 있는 분의 도움을 찾았다.

물리학을 정말 잘하는 아빠 후배 박사님 집을 찾아가서 배우기도 했다.

공부만이 아니다.

농구를 잘하는 형을 알게 되면 함께 농구 하면서 열심히 배운다. 낚시를 배우기도 하고 볼링을 배우기도 했다.

지질학 박사님을 알게 되어 그분 주선으로 지질연구소를 견학하며 배울 수 있었다.

그렇게 드럼을 배우고, 기타를 배웠다. 피아노를 치고 작곡까지 할 수 있었다.

또 최근에 대학을 입학한 어느 누나에게서 많은 참고서를 물려받았다. 이렇게 고마운 분들 덕분에 홈스쿨의 부족함이 없었다. 도리어 넉넉해서 나누기까지 하였다.

'관계' 속에서 배운 만큼 우리 형제들은 '관계' 속에서 기꺼이 나누는 법도 배웠다. 누군가의 섬김 때문에 배움이 있었으므로 자연스럽게 섬기는 법도 알게 된 것이다. 능력이 있다는 것은 결국 많은 사람의 유익을 위한 것이다. 잘 배웠다는 것은 결국 많은 사람을 섬기기 위한 것이다. 가치 있는 것을 배웠으면 가치 있는 것을 나눌 줄 알아야 한다. 결국 '관계'의 중심에는 '나눔'이 있다.

제2부 탁월함에는 이유가 있다

제 II 부
탁월함에는 이유가 있다

제 6 장
안 하는 것도 자부심이 있으면

홈스쿨을 마치고 대학에 입학한 다음 받은 가장 큰 충격은 친구들 문화다.

밤 12시를 넘기면서 새벽까지 컴퓨터 게임에 빠진 친구들,

채팅과 SNS 등 온통 자기 과시와 남 엿보기로 시간을 소비하는 문화,

말 끝에는 항상 욕을 붙이는 말투 하며 솔직히 참 불편한 문화였다.

우리 형제는 홈스쿨 3년 동안, 학교 문화를 벗어나 광야로 나

와 있었나 보다. 유명한 가수나 연예인 한 명 모른다는 것이 말도 안 되겠지만 우리는 그랬다.

우리 집에는 TV가 없었다. 게임을 제한했다. 개인 휴대폰도 없었다. 컴퓨터는 거실의 열린 공간에 한 대뿐이었다.

거의 볼 기회가 없었지만 어쩌다 TV를 보게 되면 TV에 나오는 사람들이 어찌나 생소하던지…

정말로 처음 뵙는 분들이다.

그런 우리가 이상한가?

학교와 병원 수련, 군의관을 마치고 사회에 나와 보니까 한때 유행에 소비했던 시간이 무색하리 만큼 그 자취를 찾아 볼래야 볼 수 없었다. 문화도 세월이 지나면 평준화 되나 보다. 모두 자취 없이 지나가 버렸다. 유행했던 문화에 대한 실조 따위는 없었다.

우리 형제는 그 유행의 시간을 묵묵히 지내며 우리만의 배움에 골몰했다. 그래도 전혀 문제 없었다.

"그런 문화에서 벗어나면 소외되는 것 아니야? 온실에서만 자랄 수 없잖아. 욕도 먹고 그래야 면역이 되지."

우리 형제가 크는 모습을 보던 이웃집 아주머니의 우려 섞인 소리이다. 이와 비슷한 말을 수없이 들었다. 세상이 악하기 때문에 세상에 사는 한, '악'도 알아야 세상살이에 치이지 않는다는 것이다. 누가 때리면 맞상대해서 같이 때리고 어느 정도 욕도 할 줄 알아야 누가 넘보지 않을 거란다. 그런데 우리는 그와 반대되는 가치를 따라 살았다.

누가 해코지를 하려면 "하지 말라"고 분명하게 말로 자기 표현을 해야 한다고 배웠다. 그래도 한다면 피하고 상대하지 말라고 말이다. 이와 같은 우리 집 교육이 신기했는지 아주머니는 늘 관심있게 지켜보았다.

유치원 시절 이야기다. 한번은 우리 집에 입이 거친 동네 아이가 놀러 왔다. 동네 유치원에서 들은 욕이 몸에 밴 것 같다. 현관을 들어서자마자 우리 집 아이 이름에다 생소한 욕을 붙이며 자연스럽게 불러댔다. 우연찮게 우리 부모는 건넌방에서 우리 아이의 응답 소리를 들었다고 한다. 뜻밖의 일이라 나중에 부모님이 우리의 기억을 되살려 주었다.

동네 아이는 "--바보야" 하며 불렀다.
그러자 우리 아이는 상대방의 말을 받아 갑자기 주위를 살피며 "냉장고보!" 하고 외쳤다.
동네 아이는 또 다른 욕을 해댔다.
우리 아이는 그 말을 받아서
"식탁보"…
"꽃보"…
"신발보"… 하며

주변에 보이는 물건 이름을 붙이며 신나게 말놀이를 시작했다.
욕이 입에 붙은 아이도 어느새 우리 아이 말놀이에 휘말렸다. 이제는 자기도 흥겹게 물건 이름을 대기 시작했다. 결국 놀이로 끝났다. 욕을 배운 적도 없고 알지도 못하는 우리 아이가 선도한 셈이다.

욕에는 욕으로 응수하고 악에는 악으로 대응하는 것이 자연스러운 세상이다. 악을 알아야 강한 줄 알지만 그렇지 않다.
'악'이 전염력이 강한 만큼 '선'도 영향력이 강하다.
다만 신념에 따른 '용기'가 필요할 뿐이다.
반면에 '악'을 쓰는 데는 용기가 필요 없다.
악이 더 자연스러운 것 보면 사람 안에는 아무래도 선한 것이 없는 모양이다.
그래서 '선'을 위해 용기를 내라고 한다. 그 용기가 '믿음'이다.
우리는 '선'이 '악'을 이긴다는 믿음을 가지고 있다.
좋은 것을 많이 누린 사람이 더 강하다.

안 하는 것도 자부심만 있으면, 용기 있는 사람으로 인정 받는다.
안 하는 것도 안 하는 것에 대한 자부심이 있으면 영향력 있는 사람이 된다.
노래방에 가거나 게임을 하지 않아도 자부심이 있다면 문제 없다. 그 시간 대신 다른 좋은 것을 하기 때문이다.

좋은 것을 많이 경험한 사람이 영향력 있다.

좋은 것을 알아 보는 사람들이 많은 만큼 선한 영향력 또한 크다.

처음에는 아빠의 자부심이 좀 엉뚱하다 싶었다.

"지금까지 술, 담배 안 한 사람 있으면 나와 보라 해."

사실 아빠는 게임도 안 하고, 노래방 한번 안 갔다. TV도 치웠다. 그 시간에 대신 가족들과 시간을 가졌고 홈스쿨을 헌신적으로 도와 주었다.

아이를 위해 부모가 먼저 제한하는 모습을 보이는 것이 '섬김'이다. 시간을 제한하고 TV를 제한하고 우선순위의 제한을 받고, 아이를 위해 말하는 입을 조심한다. 혹 부모가 아이를 섬긴다고 하면 아이들이 부모 머리 꼭대기에 앉아 있는 모습을 상상하기 쉬운데 오산이다. 섬긴다는 것은 아이의 부족함과 연약함을 채운다는 뜻이다. 아이의 욕구대로 살라고 섬기는 것이 아니다.

내가 자유를 누리는 데에는 누군가 자유를 제한했기 때문이다.

아침에 일어나서 곧바로 식사하고 할 일을 할 수 있는 것은 엄마가 먼저 일어나 아침 밥상을 준비했기 때문이다.

내가 편하게 앉아서 강의를 들을 수 있는 것은 누군가 그 자리를 깨끗이 치우고 정리했기 때문이다.

　누군가 자기를 제한하고 섬기기 때문에 내가 자유롭게 하고 싶은 일을 할 수 있는 것이다.

　그래서 자유에는 사랑의 섬김이 동반된다.

　사랑의 무게가 실린 만큼 자유란 가치 있는 것이다.

　반면에 자유를 마냥 구가하고 싶은 독재자라면 사랑이 아닌 공포와 압제로 사람들을 제한하고 희생시켜야 한다. 그리고 그 위에 군림하는 것이 독재다. 남의 자유를 파괴시키고 자기 편의의 자유를 영위하는 것이 독재다.

　우리 홈스쿨 정신은 자유다. 여기에는 부모의 사랑의 섬김을 동반한다. 가족들의 보살핌과 제한이 따른다. 그렇게 가치가 있는 자유를 무책임하게 사용하고 교육적 성과없이 놀기만 했다면 큰 문제가 아닐 수 없다. 대가가 지불된 자유인 만큼 바른 사용에 대한 교육이 필요하다. 사실 자유도 교육을 받아야 한다는 말 자체는 어패가 있다. 교육이라는 말 자체가 좋은 것과 나쁜 것을 분별하고, 나쁜 것은 바로잡고 좋은 것을 선택하도록 제한을 가한다는 뜻이기 때문이다.

　그러나 우리 교육은 스스로 제한을 받아들이고 스스로 자신을 제한할 줄 아는 성숙한 사람이 되고자 한 것이다. 제한을 받아들이고 자기를 제한하는 데 자유를 쓰는 사람이 성숙한 사람이다.

　부모가 성숙한 사람으로서 먼저 제한하는 모습을 보이는 것이 마땅하다. 술, 담배만 아니라 말을 함부로 하지 않는 것까지 가족을 위해 제한할 일이 많다.

사랑이 많은 부모가 되는 것이다.

제한을 받아들이는 데 자신의 자유를 긍정적으로 사용할 때에는 놀라운 변화가 생긴다. 제한을 받아들이는 희생적인 삶으로 말미암아 억울함과 박탈감이 생길 것 같은데 도리어 경이로운 변화가 일어난다. 자발적으로 자기를 제한한 사람이 존경을 받고 존귀함을 얻는다는 것이다.

이것은 결코 독재자가 얻을 수 없는 가치다. 독재자는 자기 마음대로 살기 위해 억압하고 변덕을 부리며 학대를 하지만 결코 존경과 존귀함을 얻지 못한다.

자발적으로 제한을 받아들인 부모라면 아이 또한 스스로 자기 자유를 제한하는 모습을 기대해 볼 수 있다. 물론 아이가 부모의 권위를 무시하는 일 따위는 일어나지 않는다.

부모나 아이나 서로 제한을 받아들이는 가정은 상호 간의 파괴적인 일은 일어나지 않는다. 상호 존중이 발판이 되어 부모와 아이가 함께 성장하고 발전한다. 일방적인 지시가 아니라 상호 간의 소통이 있다. 서로 상처를 주는 일이 아니라 함께 기쁨을 나누는 일이 있다.

한번은 자동차를 타고 가며 토론이 깊어진 적이 있었다.

온라인 게임에 대한 것이다. 당시 스타크래프트와 리니지 같은 온라인 게임이 한창 유행하던 시기였다. 물론 홈스쿨 시기에는 게임을 전혀 하지 않았다. 그러나 대학에 들어간 후 생긴 여유가 게임을 들락거리게 하였다.

온라인 게임은 CD게임과는 비교도 되지 않는다.

일단 팀플레이가 가능하고 팀원 교체가 용이하다.

중간에 멈춘 다음 이어서 게임을 해도 손색이 없다. 진출입이 무난하다.

게임의 승패에 대해 기쁨과 아쉬운 위로를 나눌 사람들이 많아졌다.

저녁이나 새벽, 어느 시간 어디서나 인터넷만 연결되면 세계인들과 겨룰 수 있다.

온라인 게임의 승자들은 글래디에이터처럼 온라인으로 명성이 전해진다.

이렇게 매력적인 요소들을 아이들은 호소하면서 우리 집의 차중토론이 진중해졌다.

우리가 토론에 집중했던 부분은 '본질이 무엇이냐'는 것이다.

CD게임은 자기와의 실력 쌓기다. 따라서 힘들면 얼마 못 가 끝내지 않을 수 없다.

그렇지만 온라인 게임은 중간에 식사와 화장실 문제만 아니라면 잠조차 쫓아버릴 수 있다. 싸우자고 덤비는 게임 상대가 거의 무한정이라서 심심하거나 지루할 겨를이 없다. 온갖 종류의 아이

템과 캐릭터를 가지고 갖가지 전략을 구사할 수 있다. 갈증이 나면 신속한 업데이트로 언제나 게임판은 신선미가 넘친다.

따라서 온라인 게임은 '영생'과 무한경쟁을 기본철학으로 삼고 있다.

시간의 단절 없이 거의 무한정 게임판을 늘릴 수 있다.

선하고 건설적인 것이 아닌데 영생을 한다면 그야말로 최악이 아닐 수 없다. 악은 멈춰져야 하고 끝이 있어야 한다. 선과 악이 공존하며 영생할 수는 없다. 그러나 악이 공존하며 영생할 수 있다면…

이런 모순이 우주 안에 존재한다면 우주는 자기 붕괴 되고 만다.

천재수학자 괴델이 증명하고 있다.

'자기 모순은 붕괴 되고 만다.
모든 부정은 자기 모순을 야기시킨다.
하지만 모든 긍정은 모순이 없다.
따라서 모든 긍정만이 존재한다.'

그런데 인간의 상상력은 온라인 게임을 통해 악의 영생의 가능성을 열었다. 언제든지 죽은 캐릭터를 부활시킬 수 있다. 온라인 게임을 통해 온갖 폭력과 학대, 잔인성과 부도덕함, 탐욕과 사행성을 대리전이라는 모방의 방식으로 만연시키고 있다. 아바타라는 비존재를 통해 싸우고 경쟁하는 것이다.

무가치함과 허무함은 말할 것도 없고 쾌락 앞에서 인간성을 포기하는 현실에 비애감을 느낀다. 한 편에서는 인권 운동을 하는 마당에 또 다른 편에서는 인간성 상실을 자청하며 돈 버는 산업으로 일으키고 있으니….

이윽고 우리 형제는 홈스쿨 정신으로 일깨움을 받았다. 모든 것에 동의를 한 것은 아니지만 부모와 우리 사이에 소통과 갈등 해결법은 살아 있었다. 안 하는 것에 자부심을 갖기만 한다면 문화 실조에 대한 염려는 훗날 기억나지 않을 것이다. 대학 초년 시절에는 이런 게임 문화에 대한 골치 앓이가 더러 있었다.

'안 하기'로 하는 자발적인 자기 제한만이 게임 문화를 극복할 수 있다. 스스로 제한을 받아들이고 스스로 자신을 제한할 줄 아는 사람에게는 보상이 따른다. 검정고시생이 KAIST를 졸업할 때에는 숨마쿰라우데summa cum laude(최우등 졸업)를 받고 서울대학교 의학전문대학원에 진학한 것이다.

게임 중독의 본질은 '강박'에 있다. 하지 않으면 안 되게끔 하는 충동성을 말한다. 강박은 제한 받는 것을 극도로 싫어한다. 제한이 있을 경우 어떻게든 핑계와 구실로 비난과 탓을 만들며 강박증을 합리화시킨다.

그래서 자기는 언제든지 조절할 수 있다고 말한다.

자기 기만이다. 자기 말에 자기도 속는다.

사실 조절이 불가능하다.

마음만 먹으면 공부도 할 수 있다고 생각한다. 그러나 실상 할 수 없다.

잠시 게임을 즐기는 것이라고 스스로 격려한다.

헌데 즐기는 게 아니라 잡아먹힌 것이다.

강박은 게임에서만 멈추지 않는다. 대상을 바꾸기도 한다. 이어서 담배와 알코올, 도박(복권, 주식투기를 포함하여), 일중독, 성중독으로 옮아가는 일이 빈번하다. 결국 분노 중독과 폭력, 학대로 인간성 포기에 이르른다. 결말이 어떨지 알고 지금 멈춘다면 지혜로운 아이다. 그렇지 않으면 어둠 속에서 벽을 더듬고 다니다 어디에 걸려 넘어지는지도 모르는 어리석은 사람밖에 되지 않는다.

게임은 문화적인 속성이 강해서 게임하는 친구들과 단절시켜야만 멈춰진다. 친구들끼리 공유하는 아이디와 비밀번호를 끊어야 한다. 강제가 아니라 아이 입에서 스스로 안 하겠다는 말이 나와야 한다. 그렇지 않으면 아무도 모르게 또 다시 그 세계로 들어간다. 거짓말이나 변명을 늘어놓지 않고 솔직하게 인정하는 시간이 필요하다. 진실하게 자신을 이야기하는 대화 시간이야말로 중요한 것이 무엇인지 깨닫는 시간이 된다.

그러나 곧바로 문제를 인정했다고 바로 잡아지는 것은 아니다. "예, 예" 대답은 하지만 뒤에 가서는 말과 다르게 딴짓을 한다. 충동성은 자신의 결심마저 잊게 만들고 또 다시 게임에 빠지게 한다. 문제를 인정했다고 해서 행동도 바뀌리라 기대해선 곤란하다. 스스로 어떻게 고칠 것인지 자기 입으로 말하는 시간이 거듭될 것이다. 책임감 있는 방법을 아이 스스로 제시할 때 비로소 부모는 도움을 줄 수 있다. 아이 스스로 제한을 받아들이는 언어 표현이 먼저 있어야 한다. 부모는 진실한 대화 가운데 아이의 마음을 살 수 있다. 아이의 행복과 미래를 위한 길이다.

진솔한 대화 가운데 시작과 결말을 보여준다면 아이의 자발적인 결심을 끌어내기 쉽다. 이윽고 게임 친구들과 단절시키고 컴퓨터 접근을 제한한 다음에는 아이의 생활을 빈틈없이 꽉 채우는 것이 중요하다. 빈틈이 생기지 않도록 하루/주간 계획을 세울 뿐 아니라 성실히 지키도록 감시가 아닌 부모의 '동행'이 필요하다.

게임이 아닌 다른 많은 건강한 것에서 즐거움을 찾도록 재미를 바꾸는 노력이 필요하다.

카메라로 사진찍기, 동영상으로 가족 다큐멘터리 만들기, 악기 배우기, 노래 만들고 부르기, 그림 그리기, 소설/자서전 쓰기, 페이퍼 아트, 십자수놓기, 캘리그래프 서체 만들기, 여행담과 여행 책자 만들기, 새로운 레시피로 요리하기, 통밀빵 만들기….

우리 집에서 기쁨 찾기를 했던 활동들이다.

세상에는 무궁무진한 즐거움으로 가득 차 있다.

강박적인 중독은 다른 모든 즐거움에 대해 맛을 잃게 한다. 하지만 건강한 즐거움은 인생을 더욱 활기차게 만든다.

　우리 형제는 아빠의 '안 하기'에 대한 자부심을 따라서 보고 배운 것 같다. 사회의 유행하는 문화를 따라가지 않아도 전혀 소외감을 느끼지 않고 즐겁게 살 수 있다는 것을 배운 것이다. 오히려 좋은 것을 더 많이 경험할수록 더 큰 영향력을 키울 수 있었다. '자부심'이 그렇게 만든다.
　자부심이 약할 때 남의 시선을 의식하여 전전긍긍하며 산다. 우리를 자부심 있는 아이로 키우기 위해 부모 먼저 자부심을 가지고 '안 하기' 행동을 시작한 것이다.
　꼭 브랜드 있는 옷과 신발을 사지 않아도 됐다.
　명품 가방이 아니어도 실용적이면 좋았다.
　유명한 맛집을 굳이 찾아다니지 않아도 우리 앞에 놓인 음식을 행복한 기억이 남도록 맛있게 먹었다.
　맛이란 미각을 특별히 만족시킨다기보다 행복감을 느끼는 두뇌의 기억에 있다고 한다. 좋은 사람들과 행복한 대화 속에 기억에 남을 식사를 하면 된다.

"한 번에 하나씩" One At a Time

시간이 주는 제약은 그 시간에 한 가지밖에 선택할 수 없다는 것이다. 제약이 있다는 것은 그리 나쁜 일이 아니다. 선택을 단순하게 할 수 있다는 것은 복잡한 마음을 빨리 정리하도록 도와준다. 한 가지를 선택했으면 그 시간에 다른 데 정신을 팔지 않겠다는 뜻이다. 두 마음을 품지 않는다. 그 말은 한 가지 일에 충실하라는 말이다. 시간의 제약은 한 번에 하나씩 하도록 한다. 수학을 선택했으면 그 시간에 영어를 신경 쓰지 않는다. 여행을 갔으면 '다른 데 갈 걸' 하며 딴생각하지 않는다. 지금 선택한 일에 충실하자. 우린 '시간 부자'다.

제 7 장
능동적인 사람이 되다

아빠가 특별한 강의 초대를 받았다. 〈자아상과 정체성〉이란 주제로 대학생 강의 부탁을 받았다.

강의 주제는 강사와 청중 모두에게 목적의식을 갖게 한다. 강사만이 풀어가는 독특한 강의방식은 주제라는 테두리의 제한을 받는다. 하지만 그 주제라는 테두리 안에서 강사는 마음껏 저만의 장점을 발휘하며 신나게 강의할 수 있는 '자유'를 갖는다. 주제를 벗어나 '자유'를 구가한다면 그것은 이미 '자유'가 아니다. 목적 안에 있을 때 '자유'가 의미 있다. 목적을 벗어난 자유로운 강의는 강사의 지식 자랑으로밖에 들리지 않는다. 목적과 관련되어 있을 때 자유로운 스피치는 강사의 표정마저 감동을 더해 준다.

사람마다 인생 테마가 있다. 인생의 주제가 있고 목적이 있다는 말이다. 그 테마라는 제한 내에서 '자유'란 의미가 있다. 테마를 벗어나서 자유를 찾는다면 방탕이요 방종이다. 저마다 다른 환경과 조건이라는 제한된 테두리 안에서 각자의 테마를 따라 마음껏 기량을 발휘하는 것, 그 안에서 자신의 강점을 발견하고 유익하고 행복한 사람이 되는 것.
이것이야말로 '자유'의 참된 본질이 아닐까 한다.

따라서 자유란 뭔가 목적과 관련하여 나가는 능동적인 의지의 활동이라 볼 수 있다.
메뚜기가 이쪽으로 뛸지 저쪽으로 뛸지 결정하는 것을 자유라고 하지 않는다. 이런 생물학적 선택은 환경과 조건 그리고 유전적으로 결정된 종의 본능에 따른다고 할 수 있다. 인간도 일종의 생물 개체로서 환경과 조건 그리고 유전적 본능과 사회적 의식의 지배를 받아 임의 선택을 한다. 이로부터 자유로운 사람은 거의 없으리라.
우리가 이야기하는 '자유의지'는 선과 악의 스펙트럼 사이에서 움직이는 능동적인 선택을 말한다. 가치 있는 삶을 위해 보다 의미 있는 것을 선택하고자 할 때 '자유'란 가치를 갖는다.

다시 말해 생명의 방향으로 올라갈 때 자유는 의미가 있다.

반면 죽음과 파괴시키는 방향으로 내려갈 때 자유는 그 의미를 잃고 만다.

선한 일에 대한 자유는 풍성한 행복을 상상할 수 있다.

하지만 악한 일에 대한 자유는 파멸 외에 상상이 불가능하다.

우리 집 홈스쿨은 선한 가치를 추구하는 자유 정신을 배우기 위해 시작했다. 스스로 자기를 조절하는 자율성과 스스로 움직이는 자발성이라는 바퀴를 천천히 돌리며 운행을 시작했다. 그런데 미래를 향해 나아가는 비전은 있지만 그 비전을 현실화시키는 충실함이 없으면 허공에서 공회전만 하고 요란한 소리만 내다 끝난다. 우리 교육은 비전만 외치는 요란한 배움터가 아니다.

그것을 현실화시키기 위해 '나도 할 수 있다'고 용기를 주는 배움터이다. 미래를 꿈꾸는 시간이라기보다 (인생의 목표를 세웠으면) 용기를 내어 한 걸음씩 내딛는 법을 배우는 곳이다. 공상의 세계에 갇혀 생각만 하지 않고, 현실을 대면해서 '나도 할 수 있다'고 딛고 일어서는 용기가 바로 능동성이다.

하루하루 충실함을 가지고 능동적으로 움직일 때 실력 있는 사람이 된다.

그 높은 남산 계단도 하나씩 딛고 올라가면 마침내 정복한다.

계단 오르기를 할 때 목적하는 끝을 보면 아찔하다. 바로 앞에 놓인 계단만 보고 올라가야 수월해진다. 그러면 어느새 버거운 마음 없이 다 오를 수 있다.

먼 미래만 보면 아득하다. 하지만 오늘 하루를 충실하게 살다 보면 어느새 바라던 미래가 눈 앞에 다가온다.

두꺼운 책만 보면 아찔해진다. 그러나 하루하루 주어진 양을 풀다 보면 어느새 끝을 맺는다. 하루 아침에 실력이 붙을 것처럼 덤비지 않는다. 하루하루 차근차근 살고, 그 날 할 일 그 날 끝내면 마침내 목표를 이룬다.

이렇게 기초를 단단하게 세운다는 것은 어떻게 보면 지루하고 힘겨운 과정이다.

우리 형제들이 초등학교 시절 받아 쓰기 훈련을 할 때 보면 그렇다. 하루 아침에 완벽해지는 법은 없다. 이상하게도 틀린 글씨 또 틀리고, 맞게 고쳐 주고 다시 써 보게 해도 틀린 글씨로 다시 쓴다. 그만큼 기초를 다진다는 것이 힘들다.

그렇다고 받아 쓰기 숙제를 엄마가 대신 해 주는가? 그런 엄마가 '만능 엄마'일지 모른다. 만능 엄마가 다 해 준다면 아이가 글씨를 어떻게 배울 수 있을까? 힘들고 괴로워도 아이 스스로 해낼 수 있어야 한다. 아이의 삶을 엄마가 대신 살아 주는 것이 아니다. 아이의 삶을 아이 스스로 살 수 있도록 도와주는 역할을 하는 것이 엄마다.

진짜 만능 엄마는 자신의 능력을 숨기고 아이가 스스로 하도록 사랑으로 격려하고 기다리는 엄마이다. 기다리는 시간이 더 힘들다. 아이의 능동성을 이끌어 내는 부모야말로 정말 훌륭한 부모이다.

부모의 완벽함이 아이를 수동적으로 만들기 쉽다는 사실은 아이러니하다. 아이가 표현도 하지 않았는데 엄마가 매사에 알아서 완벽하게 챙겨준다면 아이는 수동적인 아이가 될 수밖에 없다. 수동적인 아이는 뭔가 부족한 것이 생기면 엄마를 찾으며 짜증을 낸다. 수동적인 아이의 특징은 짜증이 잦다는 것이다. 무력해서 아무것도 하려 하지 않는다.

그래서 완벽하지 않은 부모가 복이 있다!
아이 스스로 할 수 있는 것이 많기 때문이다.

아이의 표현이 있은 다음에야 비로소 시작할 수 있다.

"그러면 어떻게 해 볼까?"
"네 생각은 어떠니?. 아빠/엄마 생각은 이런데…
우리 서로 다시 한번 생각해 보자."

자기 입으로 표현하고 능동적으로 선택하는 아이는 불평 없이 책임감 있는 수행으로 이어진다. 부모는 눈길을 떼지 않고 (감시가 아닌) 대견스럽게 지켜보기만 하면 된다.

충실함이란 그 아이가 능동적으로 '내가 해 보겠다'고 용기를 내어 움직일 때 나타난다.

생활의 기초, 학습의 기초, 인성의 기초, 관계의 기초… 등등 기초를 닦는 일이 가장 어려운 교육이다.

대학 교육보다도 초등학교 저학년 교육이 더 어려워 보인다. 기초를 세우기 위해서는 그 아이 옆에 꾸준히 있어야 하기 때문이다. 기초가 된 학생들, 게다가 전공에 관심 갖고 모인 동질의 대학생들은 몇 번 강의시간에만 만나도 된다.

하지만 초등학교 저학년은 그렇지 않다. 왜 학교에 시간 맞춰 와야 하는지, 왜 실내화를 갈아 신어야 하는지, 왜 자기 책상 속을 정돈해야 하는지 모르기 때문이다.

하루 종일 '동행'해야 한다.

연필을 제대로 잡고 경필 쓰기를 3개월 꾸준히 해야 글씨가 제대로 나온다. 하지만 여름방학이 끝나고 새 학기가 시작되면 다시 경필 쓰기를 반복해야만 다시 글씨쓰기 기초가 잡힌다. 예절 교육과 인성 교육 또한 다를 바 없다.

받아쓰기는 내가 하는 것이다. 틀리면 바로 잡아주는 선생님이 있다. 내가 스스로 할 수 있도록 도와주시는 것뿐이다.

그렇게 내가 받아쓰기를 해내면 나의 글의 세계가 넓어진다.

자전거는 내가 타는 것이다. 누가 대신 타주는 것이 아니다. 넘어지지 않도록 잡아주는 부모가 있다. 내가 스스로 할 수 있도록 도와주시는 것뿐이다.

그래서 능력을 키우면 나의 자전거 세계가 넓어진다.

수영은 내가 하는 것이다. 아주 빠지지 않게 붙들어 주는 부모가 있다. 혹시 눈에 보이지 않는다 해도 언제나 내 옆에 있다는 믿음이 있다. 나는 세계를 넓히기 위해 이 믿음을 사용한다.

내가 수영을 하면 나는 물의 세계가 넓어진다.

이렇게 능동적으로 스스로 하는 힘을 키울 때 나의 세계가 넓어진다.

능동성은 자기가 뛰다가 넘어지면 툭툭 털고 일어난다. 자기 실수를 털어버릴 줄 안다. 그리고 가던 길을 계속 간다. 능동성은 자기 실수를 관대하게 대한다. 중요한 건 계속 가는 것, 그것이 목적이기 때문이다. 그래서 자기 실수를 크게 보지 않는다.

하지만 누군가에게 밀려 넘어졌으면 짜증스런 표정으로 뒤돌아 밀친 사람을 째려본다. 실수를 그냥 넘길 줄 모른다. 너무 억울하면 가던 길도 멈추고 감정이 상해서 씩씩거린다. 감정 때문에 목적이 보이지 않는다. 도리어 실수가 크게 보인다. 수동성은 실수에 대한 반응이 매섭다.

우리 형제가 대학 입학 후 홈스쿨 캠프에서 질문을 받은 적이 있다.

"너희는 한번도 실패해 본 적이 없는 같아서 절망적인 사람들을 얼마나 이해할 수 있을지 모르겠구나. 그런 사람들에게 어떻게 이야기해 주겠니?"

우리의 대답이었다.

"실패는 누구나 할 수 있습니다. 저희도 첫 번째 수능에서는 대학진학에 실패했습니다. 그런데 실패와 절망은 다릅니다. 실패를 통해 교훈을 받고 부족한 것을 배운다면 절망에 빠지지 않습니다. 절망은 실패 속에서 배우지 않기 때문에 옵니다.

실패는 할 수 있지만 절망은 하지 않을 수 있습니다."

또 다른 답변도 있었다.

"선택할 때 실패할 수 있습니다. 그러나 그것을 더 배울 수 있는 기회로 삼는다면 또 다른 선택을 할 때 두렵지 않습니다. 언제나 배울 수 있기 때문입니다. 하나도 선택하지 않고 실패 한번 하지 않는 것보다 실패하더라도 선택하면서 배우는 것이 더 낫습니다.

실패하지 않는 법을 배우는 게 아니라 선택하는 법을 배우는 것입니다."

실패를 통해 교훈을 받았고 그래서 고칠 수 있었다면 그것은 실패가 아니다. 실패했는데 배운 게 없고 그래서 아무것도 고치지 않고 계속 실패를 반복한다면 그것은 '절망'이다. 우리 집에서는 '절망'이란 단어가 없다. 배움이 있다면 그건 실패가 아니다. 우리는 배우는 과정이 있었고 배우면서 고칠 수 있었다. 우리는 홈스쿨을 통해 많이 변화되었다.

홈스쿨 시절 우리 형제들은 자기 영역과 맡은 일이 있었다. 자기 가방을 자기가 싸고, 자기 방은 자기가 청소한다. 부모가 대신 치우는 일이 별로 없다. 간혹 우리들 일을 부모가 거들 때면 우리는 '고맙습니다'라고 표현한다. 스스로 할 수 있도록 능동적으로 키워진 아이의 특징은 고마움이 많다는 것이다. 고마움을 많이 표현한다. 짜증이나 원망, 불평은 찾을 수 없다. 그런 것에 에너지를 낭비하지 않는다. 부족한 것에 대해 보다 여유롭다. 팔을 걷어붙이고 문제 해결을 하고 부족한 것을 극복하는 데 힘을 쏟는다.
반면에 수동적인 아이는 힘겨운 일이 생기면 요리조리 회피할 구실과 변명거리를 찾는다. "책이 나쁘다"는 등 "선생님이 실력이 없다"는 등 "바쁘다"는 등 이유가 많다.
하지만 능동적인 아이는 자신의 단점을 빨리 인정하고 어떻게든 해결하기 위해 지붕이라도 뚫고 내려오는 용기를 낸다. 그래서 책을 구하든 선생님을 만나든 부모의 도움을 청하든 방법을 찾는다.
그래서 능동적인 공부방법은 스스로 흥미와 탐구심을 가지고 끊임없이 뇌를 자극시키기 때문에 집중력을 최대로 발휘한다.

집중력이 뛰어난 아이는 탁월한 장기 기억효과가 나타난다. 23살을 기점으로 시냅스가 점차 감소되는데 그 전에 장기기억 능력을 키워두면 뛰어난 재능을 오래도록 발휘할 수 있다. 이런 사람은 우수한 평가를 받는다.
  시켜서 움직이는 수동적인 아이는 배우는 일에 속도가 느릴 뿐 아니라 대개 성과도 시원치 않다. 집중력이 떨어지는 것은 물론이고 소심한 자세로 뻣세게 대하기 때문이다. 그래서 더 확장시켜 배워 나가기 어렵다.
  반면에 자발적으로 배우려 할 때에는 예상치 못한 속도로 끝내고 오는 것을 볼 수 있다.

대학 진학시 자기 소개서의 한 부분이다.
"…단기간에 성과를 낼 수 있었던 것은 집중력이 좋기 때문이다. (홈스쿨할 때) 피아노는 6개월 만에 체르니30까지, 드럼은 한 달, 기타는 2달 만에 능숙하게 연주와 작곡까지, 검정고시는 하루, 수능은 17개월 걸렸다."

그렇게 해서 두 형제가 2008학년도에 대학에 들어갔다. 그때 나이가 만16세, 15세.
  우리 형제는 홈스쿨에서 자발성을 배웠다. 시켜야만 하는 수동적인 사람이 아니라 능동적으로 행동하는 사람이 되었다.
 실패는 누구나 겪는다. 하지만 그것을 딛고 일어서는 정신을 키우는 것이 우리 교육의 하나였다. 수동적으로 퍼먹기만 하면 되는 교육, 프로그램화된 교육에서는 찾아보기 어렵다. 어떠한 환경이나 부족한 능력 속에서도 한 번에 한 가지씩 충실하게 수행하며 문제를 해결해 나갔다. 그렇게 해서 우리는 미래를 앞당겼다.
 스스로 할 수 있는 능력이 많아지도록 하는 교육, 우리 교육은 능동성에 가치를 두었다.

능동성	수동성
실수를 털어버릴 줄 안다	실수를 인정하기보다 탓한다
감사를 많이 표현한다	부족하면 짜증을 낸다
귀찮아도 꾸준히 해본다	힘들면 회피한다
자발적으로 배우려 한다	싫어서 더 배우지 않는다
매사를 긍정적으로 본다	부정적인 태도를 갖는다
실력이란 보상을 받는다	자기 과신으로 허세를 부린다

제8장
소모적인 경쟁을 하지 않다

우리가 아주 어릴 때 우리 부모는 과자 봉지를 두고 많은 대화를 나누었다. 아이마다 하나씩 과자를 봉지째 먹는 것이 정서적으로 만족스럽지 않겠냐는 의견이 있었다.

그때 아빠는 각자 자기 그릇을 두고 그릇에 덜어먹는 것은 어떻겠냐는 제안을 하였다. 실상 정서적인 만족은 과자를 통째로 먹기보다는 관계 속에서 얻는 것이기 때문이다.

사람들은 흔히 봉지를 먼저 잡은 아이가 임자가 된다는 순리대로 산다. 부대끼는 형제 사이라면 먼저 선점해서 봉지째 뜯은 임자에 대해 불만의 소지가 있기 마련이다. 봉지 임자가 어디 공평하게 전리품을 나눠 주겠는가. '동생 좀 줘라' 혼이 나야만 그제서 움직인다.

어느 날 엄마가 어느 인성발달 세미나를 다녀오더니 비만 클리닉 이야기를 들었다고 하였다. 먹는 것을 금지시키기보다 절제 시키는 방법을 권한다고 들었다. 외국의 어느 비만 클리닉에서는 노랑 접시를 마련하여 냉장고에서 음식을 꺼내면 항상 그 접시를 통과하여 먹는다고 한다. 덜어먹으니 양도 조절되고 그 이상을 먹으면 분량 초과라는 인식이 생기니 절제가 된다는 것이다. 금지나 제한이라는 부정적인 방안이 아니라 절제라는 긍정적인 방법이 마음에 들었다.

우리 집 양육방식과 통했다. 그래서 형과 아우 각자 자기 그릇 하나씩 마련하였다. 자기 그릇에 덜어 먹기를 채택한 것이다. 자연스럽게 과자를 봉지째 뜯어 한 봉지 다 먹는 일이 없어졌다. 자연스럽게 양 조절뿐만 아니라 절제가 되었다. 불평이나 불만거리도 아예 사라진 셈이다.

시나이 광야 생활에서 이스라엘 백성이 만나로 교육을 받았다는 이야기가 실감났다.

하루 분량, 자기 분량만 거두는 연습을 무려 40년 동안 한 것이다. 분량 이상 먹겠다고 욕심부려 넘치게 가져온 만나는 모두 썩었다. 힘이 모자라 부족하게 거둔 사람은 조리해서 먹었을 때 이상하게도 포만감이 컸다고 한다. 만나를 많이 가져오든 적게 가져오든 동일했던 것이다.

한번은 우리 가족이 부페 식사 초대를 받았다. 오랜만에 맘껏 먹겠다 생각하고 3차례나 돌았던 것 같다. 그런데 이튿날에는 어찌하다 500원짜리 라면을 먹게 되었다. 그러고보니 이나저나 다음날 끼니까지 포만감이 연장되지는 않더라는 것이다. 끼니때가 되면 또 먹어야 하는 인류의 생리적 한계다.

역사상 경험치가 가장 많은 생리 습관임에도 불구하고 여전히 탐식은 줄지 않고 마케팅에 이용된다. 위장의 문제가 아니라 두뇌의 식욕조절 중추의 문제라 하겠다. 게다가 심리적 욕구불만을 식이로 해결하려는 우직함이 더해졌다.

2000년대 통계기록에 따르면 빌 게이츠가 땅에 떨어져 주인 없는 100달러 지폐를 주울 필요가 없다고 한다. 분당 개인 소득이 100달러를 넘었기 때문이다. 내가 돈을 주우면 횡재인데 빌 게이츠가 돈을 주우려고 하면 손실이 난다는 것이다.

인간은 걷는 보폭이 일정 간격을 넘지 못한다.

먹는 양도 한계가 있다.

노동량도 한계를 둔다. 그래서 벌어들인 소득도 일정 범위를 넘지 않는다. 그 이상 들어오는 소득은 자기 손, 자기 노동으로 벌어들인 것이 아니다.

낚시 해서 잡을 수 있는 물고기에 한계가 있듯이 자기 분량, 자기 능력이라는 한계가 존재한다. 그 이상 물고기를 잡았다면 그것은 그물을 이용했기 때문이다.

빌 게이츠는 자본주의 시스템이라는 그물을 사용하여 물고기를 잡은 것이다.

과자를 봉지째 뜯어 먹었을 때에는 여러 가지 부작용이 생긴다.

▶ 불필요한 섭취로 영양 불균형이 발생한다. 과자로 배를 채워 정상적인 식사를 하지 않으려 한다.

▶ 양 조절이 되지 않는다. 한 봉지 통째로 먹는 습관에는 먹기 싫으면 남은 걸 그냥 버리는 비도덕적인 낭비가 발생한다. 행복감의 한계효용을 넘기면 과자가 쓰레기로 변신하는 도덕적 문제가 생기는 것이다.

▶ 전리품처럼 과자를 봉지째 꼭 쥐고 있어 공평한 분배에 원성을 산다. 과자 점유자의 횡포가 발생하면서 형제들 간에 예기치 않은 불화가 전쟁의 도화선이 된다.

우리들 역시 자본주의 시스템 속에 살면서 온갖 부작용을 경험한다.

◀ 불필요한 잉여소득은 부도덕한 일에 소비되기 쉬워 정상적인 삶을 살지 않는다.

◀ 적절한 소득 규모라는 적정선 없이 부란 많을수록 좋다고 여

긴다. 과소비와 사치와 향락적인 낭비가 발생한다.

❰ 시스템 속에서 번 돈을 자기 능력으로 벌었다고 치부하여 분배 경제에서 원성을 산다. 유세 부리는 등 자본가의 횡포로 곳곳에서 전쟁의 도화선이 된다.

우리 집에서는 일찌감치 자기 그릇에 덜어 먹기를 실행함으로써 상당한 부작용의 불씨를 제거했다. 이와 같은 정신은 홈스쿨에서도 이어졌다. 남이 가진 것을 나도 갖고 싶고, 남이 하는 것을 나도 하고 싶어하는 가치관에서 벗어나 자기에게 맞는 삶이 무엇인지 배우고자 했다.

자기 분량에 맞고, 자기에게 어울리는 삶이 무엇인지 배우는 것이다.

그래서 불필요한 경쟁을 하지 않기로 했다. 도리어 배려하고 협력하면서 일치하는 법, 함께 사는 법을 배워 나갔다.

검정고시와 수능 정시모집을 통하여 카이스트를 들어간 형의 1학년 때 고충이 있었다. 그 사회가 나이와 생일을 따지며 위 아래를 나누고 서로 경쟁적이라는 것이다. 검정고시라 동문도 없거니와 1년 더 일찍 (만 16세) 입학한 고로 동년배가 없는 상황에서 어울려 지낼 친구 사귀기가 어려웠다. 홈스쿨할 때에는 나이를 따지지 않고 어린 동생들이나 형들하고도 친구처럼 지내며 서로 필요한 것을 도와주었는데 학교 사회는 그렇지 않았다.

우리 홈스쿨에서 하는 말이 있다.

"나이에 자존심을 걸지 말라. 나이 어린 동생에게도 기꺼이 배울 줄 아는 형이 진짜 멋있는 거야."

이후에 1학년 1학기를 보내고 여름방학에 돌아온 형의 휴대폰에는 100여명이 넘는 친구들 전화번호가 저장되어 있었다. 강의 시간, 자리를 옮길 때마다 옆 자리에 앉은 아이와 친구가 되었다고 한다. 적극적으로 친구들이 필요한 것을 도와주고 또 기꺼이 배우는 자세 때문에 친구들이 생겼다. 친구가 없어 가난했던 아이가 친구 부자가 되었다. 경쟁과 불가피한 희생 dog eat dog이 우리의 살 길이 아니다. 서로 돕고 나누는 방식이 우리의 삶의 방식인 것이다.

한번은 수학II의 〈공간과 도형〉단원에서 형이 문제를 풀다가 애를 먹고 있었다. 건너편 책상에 있던 동생은 이미 그 단원을 끝냈기 때문에 난감해 하는 형에게 말을 붙였다.

"형, 내가 도와줄까?"

건너편 형은 선뜻 일어나더니 동생 옆으로 자리를 옮겼다.
"그래, 고마워."

도와주는 동생도 멋지지만 기꺼이 배우려는 자세로 서슴지 않고 일어나는 형 또한 정말 멋져 보였다.
 그런데 어느 정도 가르쳐주는 듯하더니 중간에서 멈추었다.

"여기서부터는 형이 직접 할 수 있겠지?"

 나중에 아빠가 동생에게 왜 중간에서 멈췄는지 물어 보았다.
 "다 풀어주면 좋을 것 같지만 실제로 배우지는 못 해요. 스스로 풀 수 있는 데는 스스로 하는 게 좋아요."

 다 풀어주는 것을 옆에서 눈으로만 보고 이해하는 것은 실제로 자기가 아는 것이 아니다. 자기 스스로 해결하고 풀어내야 능력이 생기고 실력이 붙는다.

 "스스로 풀게 하는 학습법은 어디서 알았을까?" 아빠가 물어보니 우리 집에서 늘상 하던 교육이라는 대답이다.

 우리는 개개인이 만능 선수가 되라고 말하지 않는다. '협력하고 일치하는 사람'이 되라고 말한다.
 형과 일치하는 동생은 자신에게 없는 형의 세계를 누릴 수 있다.
 동생과 연합하는 형은 마찬가지로 동생의 세계를 누릴 수 있다.
 우리는 서로 일치하고 협력하면서 서로의 세계를 누릴 수 있다.

아빠와 일치하면 아빠의 세계를 누릴 수 있다.

부모가 일치하면 서로의 세계를 누리며 확장시켜 나갈 수 있다. 그것이 가정이다.

우리 교육의 정신은 경쟁이 아니라 협력이다. 시기와 부러움을 주고 받는 것이 아니다. 일치하고 연합하는 것이다. '자기보다 나은 남의 강점을 알아 보고 하나를 이룬다'는 정신이다.

우리 교육은 경쟁을 하지도 않고 경쟁을 시키지도 않는다. 평가라는 게 없다. 평가를 의식하지 않는다. 자기 능력을 키우는 데 관심이 있다. 경쟁하는 데 에너지를 쓰지 않는다. 관계를 경쟁적인 관계로 보지 않는다. 서로 돕고 함께 수행하는 동반자 관계로 본다. 그래서 우리 교육의 정신은 '협력'이다.

협력 정신을 교과과정에 반영시키기 위해 우리 형제는 동일한 과정을 밟았다. 형과 아우가 동일한 교과과정을 진행한 것이다. 여행도 함께 하고 견학도 같이 하고, 책도 번갈아 가며 읽고 활동도 같이 했다. 학습도 같은 과정, 같은 진도를 나갔다. 아무래도 형이 앞섰다. 하지만 능력이 좋다고 너무 앞지르지 않고 동생을 코치하며 잘 따라오도록 인도하였다. 그렇다고 동생은 언제나 수동적이지 않았다. 형과 번갈아가며 수학을 풀되 자기가 먼저 푼 문제들에 대해 형을 기꺼이 도와주었다. 이래서 함께 끌고 밀고 해서 홈스쿨을 마쳤다.

연년생 형제라서 비교하고 경쟁적이기 쉬울 텐데 오히려 협력하고 공감하며 서로의 입장을 가장 잘 알아주는 동반자가 되었다.

또 형제들이 공부하는 일에 부모도 함께 참여하곤 한다. 우리 교육의 또 다른 정신이라면 '참여'다. 함께 시를 읽기도 하고 함께 소설을 읽으며 이야기를 주고 받는다. 함께 작품을 감상하고 이야기하는 시간은 서로의 생각을 듣고 관점을 넓혀 준다. 이해력이 확장되는 시간이다. 수능의 언어영역까지 함께 읽고 함께 문제를 풀고 고민하면서 이야기하고 해결하는 시간을 가졌다.

우리 가족은 함께 〈피아니스트의 전설〉 The Legend of 1900이라는 한 편의 영화 속에 빠져든 적이 있다.

'부모에 의해 버지니아호에 버려진 한 아기가 선원에 의해 1900라는 이름을 얻었다. 배에서 피아노 연주자로 성장하면서 배의 세계를 누리며 산다. 배가 폐기되는 마지막 순간까지 피아노를 상상으로 연주하며 전설처럼 사라진다. 그는 배에 끝까지 남아있었다. 음악을 만들며, 전쟁 중에도, 아무도 춤출 사람이 없어도, 심지어 폭격 중에도, 계속 연주를 했다. 그는 자기 세계를 가진 행복한 사람이었다.

재즈의 창시자 제리와 배에서 피아노 연주 대결을 벌이는데 자유롭고 거침 없는 그의 연주에 경쟁자는 무색해진다. 진정으로 음악을 사랑하기 때문에 누구와도 경쟁심을 느끼지 않는 주인공을 묘사한다. 풍랑에 흔들리는 배에서도 자유롭게 연주하는 주인공이 행복해 보였다. 마지막 장면에서 배를 떠나지 않았던 이유를 이렇게 말한다.

"정말, 진심으로 내리고 싶었지만…
거대한 도시엔 끝이 없더라고…
피아노 건반은 끝과 끝이 있어. 어느 피아노나 건반은 88개. 이런 건반으로 만드는 음악은 무한하지…
하지만 막 배에서 내리려 했을 때 수백만 개의 건반이 보였어. 너무 많아서 절대로 어떻게 해볼 수 없을 것 같은 수백만 개의 건반…
그 결론 연주를 할 수가 없어. 피아노를 잘못 선택한 거야. 그건 신이나 가능한 거지…
어디가 끝인지도 모르면서 어떻게 한 사람을 선택할 수 있지? 그게 너무 힘들지 않나? 난 이 배에서 태어났어, 여기서 계속 살았고…
수천 명의 사람들을 만났지. 하지만 그들에겐 희망이 있었어. 적어도 이 배 안에서만큼은, 확실한 목표가 있었다고. 난 그렇게 사는 걸 배웠어.
육지라고? 그건 내겐 너무 큰 배야. 내가 지금 살고 있는 이 배는 내게 너무 아름다운 여인이고….
육지는 만들지 못하는 음악이야, 그래서 난 배에서 못 내린 거였어."

'배'라는 제한된 세계를 사랑으로 받아들이는 천재가 결국 배와 하나가 되는 이야기이다.

천재일지라도 기꺼이 제한을 받아들이면서 남들과 경쟁적으로 살지 않고 자유롭게 자기 세계를 펼치는 것이 곧 사랑이라는 메시지가 감동적이다.

우리 홈스쿨의 제한을 사랑으로 받아들이며 자기 세계를 자유롭게 넓혀가는 행복. 그것을 맛보는 데 꼭 알맞은 영화였다.

"느긋하게 하자" Easy Does It.

걱정을 달고 살지 말고, 하고 싶은 일은 여유를 가지고 하라는 말이다. 여유를 가지면 상황을 더 잘 대처할 수 있다. 바쁘게 산다고 일이 더 잘 되는 것은 아니다. 느긋하게 해도 잘 된다. 아니 더 잘 할 수 있다. (우주에서는) '느린 동작이 더 빨리 가게 한다'고 우주비행사 카마이클 Hoagy Carmichael 이 말한 적이 있다. 생각이 복잡할 때, 조급할 때, 경솔하게 행동할 때 느긋함은 무척이나 효과적이다. 느긋함은 신상의 문제가 생기면 미친듯이 몰입하는 나를 자유롭게 만든다. '시간 부자'는 나 자신을 자유롭게 한다.

제 9 장
제한 받는 가운데 최대 효과를 내다

우리 형제는 두 해에 걸쳐 수능을 보았다. 말하자면 재수를 한 것이다.

첫 해 수능고사장에서 얼마나 긴장했는지 모른다. 처음 앉아본 학교 책걸상에 온통 신경이 쓰였다. 홈스쿨 우리 집에서는 거실에 커다란 240x110cm 책상을 놓고 우리 두 형제가 불편 없이 사용했다. 그런데 고사장 학교 책상은 평탄이 맞지 않고 덜컹거려서 기울어진 책상발을 왼쪽 무릎으로 지탱하면서 시험을 보왔다.

또 처음 사용하는 책상 면적이 어찌나 좁은지 적응이 되지 않았다. 커다란 시험지를 올려놓고 이리저리 움직이다 보니 지우개가 떨어지고 싸인펜을 놓치고 시험지 속지가 떨어지고… 시험 감독관의 시선을 의식하느라 몸을 용신하지 못한 채 꽤나 곤욕스러웠다. 최선을 다했지만 원하는 결과가 나오지 않았다.

이듬해 다시 수능을 치르기로 했다. 우리는 긴장을 줄일 수 있는 방법을 생각했다. 작은 책걸상에 익숙해지도록 폐품 처리된 고등학교 책걸상을 구했다. 그리고 우리 집 거실로 옮겼다.

작은 책걸상에 적응한 결과는 성공적이었다.

물건을 떨어뜨리지 않고 작은 책상을 잘 활용하려면 정리를 잘 해야 한다. 모든 물건이 책상 위로 올라가 있으면 작업을 할 때마다 뭔가 흘리고 떨어뜨릴 것이다. 효율적인 작업에 방해가 된다. 그래서 그때 쓸 물건 외에는 서랍 속에 가지런히 들어가 있어야 한다.

제한 받는 좁은 환경에서 최대의 효과를 뽑아내는 것, 효율이 높은 삶이다.

또 어떤 일에 최대의 효과를 내기 위해 불필요한 다른 것을 제한하는 것 역시 효율적인 삶이다.

어디나 제한은 따르는데 그 제한 받는 환경 속에서도 '효과적으로 일하자'는 가치가 효율성의 가치이다. 이것을 다른 말로는

'절제'라고 말한다. 자기 절제를 잘하는 사람이 제한 받는 환경 속에서 가장 효과적으로 일하는 사람이다.

우승을 목표로 하는 운동선수는 음식부터 시작해서 생활방식과 복장까지 절제하지 않는가. 동일하게 교육의 목표가 성공적이길 바란다면 모든 것에서 절제하는 법을 배워야 했다. 자발적으로 제한을 받아들이기로 결정했으면 이제는 그 제한 안에서 효과적으로 힘을 발휘하는 법을 배우는 것이다.

우리 형제에게 캐나다의 영어연수에 이어 4개월 더 연장하여 공부할 수 있는 특별한 기회가 주어졌다. 큰 맘 먹고 준비했다. 그래도 우리 수준에 맞는 작은 환경일 수 밖에 없었다. 일반학교에 갈 수도 없었고 영어교사를 두고 배우기도 어려웠다. 다만 믿을 만한 현지인 가정에 들어가 두 권의 영어문법책과 두 달 동안 대학생 가정교사와 함께 하는 시간이 최선이었다. 아빠는 우리에게 부탁했다.

"우리의 4개월을 중학교와 고1까지 4년 공부하는 것처럼 써 보자."

우리에겐 4개월이 최대였다. 그 후 우리 형제는 얼마나 알차게 보냈는지, 몰라보게 커서 한국에 돌아갔다. 이때 키운 영어능력이 몇 년 뒤 수능영어로 자연스럽게 이어졌다.

우리는 컴퓨터가 한 대 필요했다. 비용이 여의치 않았다. 그래서 컴퓨터를 직접 조립해서 비용도 줄이고 컴퓨터 공부도 할 수 있는 기회로 삼았다.

제일 작은 itx 메인보드와 cpu, 메모리와 전원공급기를 용산 전자상가를 돌며 구입했다. 그런데 여기에 맞는 케이스는 직접 제작을 해야만 하였다. 아크릴 케이스가 자작하기 쉬울 것 같아 을지로를 다니며 아크릴을 크기에 맞춰 잘라왔다. 우리 형제는 사포와 드라이버 공구로 두께 5t 아크릴에 벌집모양의 공기냉각 구멍까지 낸 직육면체 케이스를 멋지게 만들었다. 문제는 컴퓨터 스위치였다. 이래저래 구할 방법이 없었다. 못쓰는 마우스를 뜯어서 딸깍거리는 손가락 스위치를 컴퓨터 스위치로 대체하기로 하였다. 모양은 없지만 마우스 스위치를 재활용한다는 의미가 컸다. 떼어내어 케이스 옆에 달았다. 드디어 모니터를 연결하고 컴퓨터를 켜는 순간이다. 우리는 윈도우 OS까지 직접 설치하면서 컴퓨터가 어떻게 작동되는지 원리를 익힐 수 있었다. 홈스쿨하는 내내 조립 컴퓨터의 도움을 톡톡이 받았다.

세상은 자기가 받는 제한을 벗어나지 못해 못마땅해 한다. 하지만 우리 홈스쿨은 가정의 제한점을 인정하고 그 안에서 최대의 효과를 발휘하도록 노력했다.

우리는 재활용품 시장을 둘러보고, 참고서 물려 받는 걸 즐거

위했다. 공부할 때 같은 책을 두 권씩 살 필요를 느끼지 않았다. 형과 동생이 사이좋게 돌려보았기 때문이다. 그래서 검정고시와 수능을 치른 2년 동안 공부에 든 비용은 두 형제 합해 220만원 들었다. 대학 원서비용까지 포함해서…

효율성의 가치는 과한 필요를 주제넘게 채우려 하지 않는다.

자기에게 맞지도 않는 옷을 보기 좋다고 못내 아쉬워하지 않는다. 내게 맞지 않는 옷은 내 옷이 아니다.

그때그때 필요한 경우에만 물건을 책상 위에 올려 놓는다. 나머지는 치우는 게 효율적이다.

효율성의 가치는 내게 맞는 필요, 내게 맞는 규모, 내게 맞는 적정한 삶이 무엇인지 가르쳐주었다.

우리 교육에서 용돈 관리를 궁금해 하는 학부모가 있었다. 그 학부모는 자기 아이를 어느 정도 독립적으로 키우기 위해 어렸을 때부터 용돈을 매달 주었다고 한다. 그러다 보니 자기 돈 챙기는 습관이 생겼단다. 자기 돈은 아끼고 부모 돈을 쓰려고 한다. 경제를 배우기 위해 자기 재정 관리 역시 교육이 필요하다고 보는데 홈스쿨에서는 부모가 어떻게 가르쳤는지 질문을 받은 적이 있다.

우리 부모님 대답이다.

"가정마다 경제 관념이 다르고 재정 원칙이 다르겠지요. 저희 집에서는 매달 용돈지급을 하지 않았습니다. 필요할 때마다 타서 쓰기 때문에 따로 재정 구분이 없었습니다. 자연스럽게 아이는 부모와 동일시 여기는 가치가 생겼습니다. 내 돈이라도 부모님 돈과 똑같이 여겨서 아껴 쓰는 버릇이 생겼습니다. 가정 경제에 대해서 우리 가족들은 함께 의논합니다. 그러니 아이들도 자기 씀씀이에 대해 투명할 수밖에 없었습니다. 세뱃돈으로 챙긴 용돈마저 투명한 장롱 통장에 보관되어 있어서 아이들이 굳이 독립적으로 경제 생활을 하지 않았습니다.

이런 생활의 장점은 모든 소비 내역이 공개될 뿐만 아니라 모든 필요가 공유된다는 점입니다. 굳이 자기 필요를 자기가 다 채우려 애쓰지 않아도 됩니다. 필요를 말하면 되니까요. 자연스레 돈에 대한 가치가 부모의 가치와 동일해졌습니다.

단점은 아이의 개인적인 욕구충족의 기회가 자유롭지 못하다는 것입니다. 그래서 불만도 생기고 개인적인 씀씀이가 통제 받는 듯한 느낌을 가질 수도 있지요.

그러나 우리 교육에서는 다행히 아이들의 욕구가 매우 작았습니다. 머리 스타일도 멋부릴 의향없이 집에서 깎아주는 대로 털털하게 지냈습니다. 옷도 주변에서 물려주는 옷을 (물론 쇼핑도 하지만) 반갑게 골라 입었습니다. 참고서도 물려 받는 게 문제 되지 않았지요. 외식을 고집하지도 않았고 휴대폰 개통을 조르지 않았습니다. (휴대폰은 대학입학 후에나 장만했다.)

홈스쿨 하면서 아이들이 돈 주머니를 따로 가질 필요가 없었습니다. 대학 들어간 이후에나 개인 경제 생활이 필요했습니다. 이

후로 용돈 문화가 생겼지만 그것도 많지 않은 용돈에서 약간의 자유를 누리는 것뿐이었습니다. 머리에 스타일을 내기 시작했고, 특색있고 어울리는 옷을 사기도 하고 (형은 동생 사주기도 하고) 신발도 사고 가방을 사고 친구 생일 선물도 하고 후배들 밥도 사고… 연극, 영화도 보고… 그러나 언제나 쓰는 재미가 수입의 한계를 넘지 않았습니다.

용돈의 규모를 알고 언제나 적정하게 소비했습니다. 등록금도 부모의 부담을 덜어드리기 위해 열심히 성적을 올려서 꼬박꼬박 장학금을 받았습니다. 그래서 두 명을 대학에 보냈는데 그것도 둘 다 의학공부 중인데, 홈스쿨할 때나 대학 입학한 다음에나 여전히 놀랍게도 가정의 지출은 거의 일정했습니다. 그래서 감사합니다. 언제나 자기에게 맞게 소비하고 더 욕구를 키우지 않은 아이들에게 고마워합니다.

경제 원리에서 보면 과도히 아껴도 부자가 되지 않는다고 합니다. 자기 돈 챙기고 부모 돈 쓴다고 부자가 되는 게 아닙니다. 적절히 소비하는데, 풍족하면 나누고 쪼들리면 조이고…

자족하며 살되 마음이 넉넉한 것이 풍요로움입니다.

홈스쿨은 생산과 소득에 대한 가치를 배우는 현장이 아닙니다. 현명한 소비와 욕구조절을 배우는 곳이라 생각합니다. 결국 재정 관리 능력은 부모의 가치관을 이어 받습니다. 어린 시절부터 시작된 소비습관을 따릅니다. 평소에 현명한 구매 선택을 실천할 필요가 있습니다."

우리 부모는 아이와 흥정하지 않았다. 조건을 내걸며 거래하지 않았다. 조건적 거래를 하면 약삭빠른 아이가 될 뿐아니라 이해타산적인 아이가 되기 때문이다. 동기 부여라는 차원에서 아이의 향상된 미래를 담보로 흥정하는 경우가 많다. 교육의 본질은 간 데 없고 담보물에 집착하도록 만든다. 스마트폰, 게임기, 용돈, 패션 악세사리… 이익이 되면 노력하고 아니면 포기하는 것, 이것은 교육이 아니다. 교육은 아이의 성장을 위한 것이다. 그 아이가 받는 보상은 세계가 넓어질수록 더 넓은 세계를 누리는 것이다. 마치 부모를 위해 공부를 하는 것처럼 생각한다면 흥정이 초래한 착오다.

우리 집은 홈스쿨을 반석 위에 세우고자 했기 때문에 부모는 정면으로 교육만 가지고 아이와 이야기했다.

***

우리 집에서 효과적인 교육, 효율적인 홈스쿨을 위해 부모의 역할 중에서 중요한 몇 가지 팁들이 있었다.

✱ 무슨 일이든 '준비'가 필요하다.

준비 됐는지 확인하고 준비하는 버릇을 길렀다.
홈스쿨 공부에서는 (우리가 선정한 다양한) 교과서를 준비해야 한다. 준비 되어 있지 않으면 장난친다. 시간을 효율적으로 사용하지 못한다. 준비를 하면 시간에 낭비가 없다. 교과서가 미처 준비되지 않은 상태인데 '자율'이 가능하다고 말하지 못 한다. 준비된 교과서, 준비된 환경을 갖춘 다음에야 비로소 '자율'이 시작된다.

준비된 사람에게서 자발성이 나타난다.

박물관을 가도 준비를 하고 간다. 준비물을 챙기고 무엇을 공부할지 준비하고 간다.

여행도 준비가 필요하다. 훌륭한 여행, 훌륭한 공부를 하려면 준비를 잘하라.

준비 없이 노는 것보다 준비해서 놀면 더 훌륭한 여가를 보낼 수 있다.

우리 교육은 삶의 준비를 시키는 학교였다. 준비가 된 사람에게는 훌륭한 인생이 기다린다.

✱ 시작이 되어 주라.

시작이 없는 것을 무질서라고 말한다. 거긴 끝도 없다. 질서에는 시작이 있고 마감이 있다. 언뜻 보면 무질서해 보여도 분명 세상에는 질서가 있다. 질서가 있어야만 세상이 유지된다. 그래서 세상에는 시작이 있고 마감이 존재한다.

홈스쿨도 시작이 있다. 언제 시작했는지 모르고 언제 마감할지 모른다면 홈스쿨은 그야말로 혼돈 자체다.

(학교 시스템이 나름대로 좋은 이유는 원하든 원치 않든 시작과 마감, 입학과 졸업, 등교와 하교 시간이 명확하다는 데 있다. 질서 때문이다.)

홈스쿨에서는 부모가 시작이 될 필요가 있다. 가방을 싸도 '맘대로 싸봐라' 하며 던져준다면 시작이 없는 아이는 어떻게 싸야 할지 모른다. 망설이는 시간이 길어질 뿐 아니라 필요치 않은 것들을 제멋대로 구겨 넣을 것이다.

가방 쌀 때에도 부모가 시작이 된다. 그러면 그 다음부터 아이들은 가방 싸는 법을 알게 된다. 한결 수월하게 가방을 쌀 것이다.

어느 곳을 가든, 무슨 일을 하든 시작이 되어 보라. 질서는 '시작'이 있으면 잡히기 시작한다.

✱ 마감을 확인하라.

다 한 게 중요한 것이 아니라 무엇을 했는지 확인하는 것이 중요하다. '끝맺음'을 잘 해야 다음에 시작이 있다.

마감 확인을 잘 할수록 한층 더 완성도를 높일 수 있다.

여행을 다녀왔으면 다녀온 성과를 확인하는 것이 중요하다.

미술 공부를 했으면 완성된 작품을 전시할 필요가 있다.

음악공부를 했으면 완성된 곡, 연습한 곡을 가지고 사람들 앞에서 공연할 필요가 있다.

책을 읽었으면 소감을 나눌 필요가 있다.

마감이 있어야 그 다음 시작이 이어진다. 여기에서 앞뒤 '질서'가 생긴다.

데생을 끝냈으면 수채화를, 수채화를 끝냈으면 아크릴과 유화를 시작할 수 있다.

시험을 봤으면 나도 그 시험이 어땠는지 평가할 필요가 있다. 무슨 유익이 있었는지, 어떤 성과가 있었는지, 좋은 점은 무엇이었는지, 그렇지 않은 점은 무엇인지 항상 확인할 필요가 있다.

또 마감을 정하는 것도 중요하다. 언제까지 끝낼지 부모는 확인해야만 시간을 효율적으로 사용할 수 있다.

✽ '확인'만 잘 해도 분별력 있는 사람이 된다.

확인은 검증하는 태도, 검토하는 것을 말한다. 문제 푼 것을 '검토'하면 틀리게 쓴 답을 바로 잡을 수 있다.

무엇이나 닥치는 대로 함부로 덤비지 말라. 확인해 보는 태도, 검증하는 자세는 시간이 걸려도 틀림없는 사람으로 만든다. 방임이 초래하는 것이 무분별함이라면, '확인'은 분별력 있는 생활 태도를 길러준다.

캐나다에 이민간 한인 건축업자가 망한 이야기를 들었다. 겉은 멀쩡한데 부실공사였다. 공무원이 벽체를 뜯어가며 규격대로 공사했는지 모두 확인하더라는 것이다. 준공검사에 불합격한 것은 물론이고 회사가 망하였단다. 확인하고 검증하지 않는다면 부실공사가 만연할 것이다.

확인하고 검증하는 태도는 시간이 걸려도 자신감 있는 사람으로 성장시킨다.

분별력 있고 확인하는 자세를 지닐 때 비로소 자유를 건강하고 질서 있게 사용할 수 있다. 질서 있는 건강한 자유를 '자율성'이라 하는데, 이러한 자율성 앞에 분별력이 항상 앞장 서는 이유가 그것이다.

시작할 때와 끝날 때를 알고, 들어갈 때와 나갈 때를 안다.

들어가지 않을 때 깊이 들어가는 사람은 마구 헤집고 다닌다. 이것을 무분별하고 무책임한 자유, 방종이라고 말한다. 자유롭다고 부모의 확인이 없고, 분별력을 갖추지 않는다면 자율성은 얼마나 '제멋대로'가 버리겠는가.

제 10 장
탁월한 사람이 되라

탁월성이란 누구와도 비교할 수 없고 비교 당하지 않는 저만의 뛰어남을 말한다. 일등을 말하는 게 아니다. 일등이란 점수와 순위를 매길 때 정해지는 상대적인 순위를 말한다. 따라서 어느 비교집단이나 어느 그룹이든 존재한다. 마찬가지로 어느 비교집단이든 꼴등도 존재한다. 우리 사회가 이 같은 비교집단을 만들어 놓고 아이들을 돌린다 first-come-first-serve basis. 일등짜리를 만들기 위해서라면 경쟁집단에 뛰어들어야 한다. 하지만 그만한 희생도 각오해야 한다.

탁월성은 그 아이의 장점을 발굴하는 것이다. 아이마다 지닌 뛰어난 점을 발굴하는 것이 우리의 교육이다. 부모는 리더로서 그 아이의 뛰어난 점을 눈 여겨 볼 필요가 있다. 탁월성을 발굴하는 데 다음 같은 몇 가지가 큰 도움이 되었다.

탁월성이란 뛰어난 머리에서 나온다고 생각하기 쉽다.
탁월성은 최선의 선택에서 나온다. 주어진 때 주어진 환경 속에서 가장 좋은 선택을 하는 사람이 탁월한 사람이다.
사람은 저마다 '때'와 '기회'를 만난다. 그러나 모두가 기회를 잡는 것은 아니다. 기회를 기회로 보지 못하기 때문이다. 어느 때나 기회를 잡는 사람은 탁월한 사람이다. 부족한 상황 속에서도 기회를 만드는 사람은 남들이 넘보지 못하는 탁월한 자리에 앉는다.
'목적을 명확히 알 때 기회가 보인다. 핵심을 붙잡으면 기회가 생긴다. 좋은 것과 나쁜 것을 분별하는 분별력이 있을 때 무엇이 기회인지 알아본다. 이제 기회를 잡았으면 좋은 것은 취하고 나쁜 것은 버려라. 그러면 확실히 능력 있는 사람이 된다.'

① **목적을 아는 사람**

무엇이나 삶에는 목적이 있다.
일하는 데 일의 목적이 있고, 공부할 때 공부의 목적이 있다.

수학을 하는 이유가 있고, 한문을 알아야 하는 이유가 있다.
한국인인 우리가 영어를 공부하는 목적이 있다.
돈을 버는 목적이 있고, 쓰는 데에도 목적이 있다.
살아 있다면 의미 없는 것이란 존재하지 않는다.
인생에는 목적이 있다. 그 목적을 발견하는 사람에게서 탁월성이 나타난다.
우리 교육은 바로 부모와 함께 목적을 발견해 나가는 여정이기도 했다. 그래서 우리만의 탁월성을 발굴하는 주위 깊은 시간을 가졌다.

시간에는 목적이 있다.
10대의 목적이 있고 20대의 목적이 있다.
부모로서의 목적이 있고 자녀로서의 목적이 있다.
수업 시간에도 목적이 있다. 국어 시간에 수학문제를 풀고 있으면 국어 시간의 목적을 상실한 것이다. 수학 시간에 다른 과목 숙제를 하고 있으면 그 시간의 목적을 잊은 것이다. 강의 시간에 경청하지 않고 딴 생각에 빠져있다면 그 시간의 목적을 망각한 것이다. 무슨 시간이든 목적이 존재한다. 목적에 맞게 집중하는 것이 탁월함의 길을 걷는 것이다.
대인 관계 속에도 목적이 존재한다.
여행에도 목적이 있다. 목적이 없다면 방황하고 헤매다 만다.
놀이도 여가 시간도 목적이 있어야 의미가 있다. 잘 쉬고 잘 놀왔다는 뿌듯함은 목적을 가졌을 때 생겨난다.

　목적을 알 때 낭비하지 않는다. 결과가 어떠할 줄 안다면 함부로 분별 없이 무의미하게 살지 않을 것이다.

　마지막이 어떻게 되리라는 것을 아는 사람이 지혜를 발휘할 수 있다.

　☞ 무의미하고 목적이 없는 상태를 '악'이라고 말한다.
　☞ '악'에 해당하는 헬라어 〈카코스〉kakos는 무의미함, 무가치함, 의미 없음, 질이 나쁨, 무례함이라는 뜻으로 본질적인 의미의 악을 말한다. 남에게 해를 끼치고 손상을 입혔을 때만 악한 것이 아니다. 의미 없이 살고 목적을 알지 못 할 때에도 악하다고 말한다. 무례함이란 목적이 없는 상태에서 나온다. 이와 같은 '악'의 결과로 '불행하다', '행복하지 않다', '고통스럽다', '괴롭다', '병들다'고 하는 것이다. 이러한 결과로서의 '악'을 일컬어 헬라어 〈포네로스〉poneros라고 한다.

　결국 목적을 알지 못 하면 행복하지 않은 불행의 열매를 맺는다. 의미 없는 삶을 의미 없는 일로 메꾼다고 메꿔지지 않는다. 욕한다고 더 큰 욕을 해댄다면 욕이 사그러지기보다 더 큰 화를 불러일으킨다. 칭찬과 감사, 축복과 같은 선하고 의미 있는 일이야말로 욕을 멈추게 한다. 목적을 발견하고 의미를 찾을 때 비로소 무의미함이 사라지고 충만한 행복이 찾아오는 것을 경험할 수 있다.

☛ 목적을 알며 의미 있게 살고 보람 있게 지낸다면 그것이 '선'이다.

☞ '선'에 해당하는 헬라어 〈아가또스〉agathos는 본연의 선을 일컫는다. '목적이 좋은' '가치 있는' '의미 있는' '성질이 좋은' '훌륭한'이라는 뜻이다. 그 결과 행복을 누리고 아름다움이 나타나는데 '선'에 해당하는 또 다른 헬라어 〈칼로스〉kalos가 사용된다. 목적을 아는 사람에게는 행복, 훌륭함이라는 열매가 생긴다는 말이다.

탁월성, 훌륭함이란 목적을 깨닫고 '최선'을 찾는 데 있다.

탁월한 아이는 어떤 아이일까? 스승과 부모와 경험자와 지혜로운 책이 일러주는 대로 목적을 잘 '경청'하는 아이이다. 우리 아이가 주의 깊게 '듣는' 모습을 본다면 탁월성의 첫 걸음을 떼기 시작한 것이다. 그러면 곧장 '최선'의 길로 걸어갈 수 있다.

틀린 문제라도 그 속에서 의미를 찾아 잘못을 바로 잡을 줄 아는 아이라면 비록 문제는 틀렸어도 배울 것을 배운 아이이다. 배운 교훈으로 '최선'을 발견한 것이다.

형의 초등학교 저학년 시절, 받아쓰기 시험을 본다고 해서 공부하는 모습을 우리 부모가 보았다. 국어 책에 밑줄을 긋고 또 어떤 것은 동그라미 표시를 하는 것이었다. 알고보니 자기 보기에 어려운 낱말을 기억해 두려고 표시를 한 것이다. 나름대로 공부하는 방법을 생각한 모양이다.

또 고학년이 되었을 때 학교 선생님이 수학 문제집을 하나씩 골라서 풀어오라고 숙제를 내 주었다. 우리 집은 학습지나 문제집을 풀지 않았다. 따로 공부하는 것이 없었다. 그저 학교 수업과 숙제뿐이었다. 책방을 찾아갔는데 그렇게 많은 문제집을 처음 보았다. 무엇을 풀어야 할지 결정하기 어려울 때 책방 아저씨의 추천이 도움이 되었다. 중간 실력의 문제집을 골랐다. 책방을 나설 때 형의 표정에서 뭔가를 생각하는 듯 하였다.

"가장 어려운 문제집에 도전해 보고 싶어요."

엄마는 한번 잡으면 중간에 멈추지 않고 끝까지 푸는 게 좋으니 자기 실력에 맞는 것을 고르자고 하였다. 형은 단호한 결심을 했는지 올림피아드 문제집을 골랐다. 최상위 실력이다. 당연히 풀지 못 하는 문제들이 속출했다. 형은 다음날 다시 풀겠다며 재도전을 하였다. 그리고 고쳐 맞은 것은 △표시를 해 두었다. 그래도 풀지 못한 문제들은 접어 두었다가 답지를 보고 이해했다. 이 과정이 되풀이되면서 문제집 막바지에 왔을 때에는 풀지 못한 문제들이 거의 없어졌다. △표시가 간혹 있었다. 스스로 생각하며 공부하는 방법을 터득한 셈이다.

모든 일에 최선을 다하는 사람이라면 어느 순간 탁월성이 빛을 낸다.

탁월성은 어쩌다 생기는 사은품이 아니다. 무슨 일이든 최선을 다 하는 사람에게 반갑게 찾아오는 손님이다.

② **핵심을 아는 사람**

'목적'이란 결과를 놓고 하는 말이라면 '핵심'은 과정을 일컫는 말이다.
 돈의 핵심을 아는 사람은 돈이 어떻게 흘러가는지 안다. 돈이 흘러가는 핵심 가운데 있으면 돈을 번다.
 관계의 핵심을 아는 사람은 누구를 찾아가면 일이 해결 되는지 안다. 사람마다 무슨 능력이 있는지 아는 것이다.
 일의 핵심을 아는 사람은 일을 벌이기만 하지 않고 깔끔하게 해결한다. 일머리가 있다는 것이다.
 여행의 핵심을 아는 사람은 쓸데 없는 물건을 싸들고 다니지 않는다.
 시간의 핵심을 아는 사람은 언제 무슨 일을 하고 언제 끝을 내야 하는지 알고 있다.
 강의의 핵심을 아는 강사는 이것저것 안다고 다 말하지 않고 무엇이 중요한 것인지 요지를 분명하게 전달한다.
 시험 공부의 핵심을 아는 학생은 이것도 중요한 것 같고 저것도 해야 할 것 같은 불안과 압박에 시달리지 않는다. 배분된 시간에 따라 어떤 것은 가볍게 넘기고 어떤 것은 깊이 파는 분별력을 갖는다.

　핵심을 붙잡고 있으면 조바심보다는 여유가 생긴다. 사소한 것에 목숨 걸 때에는 탁월성이 나타나지 않는다.
　본질과 핵심을 꽤 뚫고 있을 때 탁월성은 여유롭게 나타난다.
　전과목 내신관리와 선행학습에 목매는 학교생활을 따라가다 보면 좀처럼 여유 부리기가 쉽지 않다.
　우리 집 교육은 핵심을 아는 데 초점을 두었다. 그만큼 여유로웠다. 탁월성은 이러한 여유 가운데 나타난다.
　여유 있는 사고 속에 탁월성이 빛을 낸다.

　우리 교육은 교과과정의 핵심만을 추렸다. 중등 수학 과정의 핵심은 인수분해와 함수와 그래프 개념이다. 그외 단원은 모두 고등 과정에 흡수된다. 그때 더 자세히 배워도 된다. 오히려 더 정확하다. 따라서 능력이 된다면 고등 수학으로 진입해서 배우는 것이 효과적이다. 정확한 개념으로 확실하게 배우는 것이 수학 공부에서 중요하다.
　중등 수학의 수업시수를 따져 보았다. 하루 6시간씩 하루종일 수학만 공부하면 21일 안에 1-3학년 전과정을 모두 끝낼 수 있다는 계산이 나온다. 한번 도전해 보고 싶지 않은가? 우리 형제는 도전했다. 형이 한 해 먼저 하고, 그 다음 해 형의 코치를 받아 동생이 끝냈다. 그러면 중등 수학은 모두 끝난 것이다. 12일도 채

걸리지 않았다. 이게 무슨 수학이냐고? 우리는 중등 수학에 매달리지 않는다. 정말 수학은 고등 수학이니까! 그래서 과감하게 지나갔다. 미련을 두지 않았다. 더 어렵고 정밀한 수학 개념은 고등 수학부터다. 그 전에는 준비만 하면 된다. 이래서 여유를 챙겼다.

한 걸음 더 나아갔다. 우리는 고등학교 수학에서 1학년 수학 중 삼각함수를 빼서 수학 I, II에 포함시키고 단원을 좁혔다. 범위가 줄면 공부에 대한 부담이 준다. 우회적 학습(곡선 관계)보다 직선적 학습이 수행능력상 평가가 높아진다. 시간을 단축시켜 다른 활동에 더 많은 시간을 할애하였다. 비용이 절약되었다. (학년별 참고서를 모두 구입하지 않아도 된다. 필요한 과정에 맞는 참고서만 있으면 된다.)

우리 형제는 이렇게 하루종일 수학만 해서 수학 I, II를 7개월에 모두 끝냈다. 그 후엔 복습과 숙달과 속도연습을 하고 수능고사장에 들어갔다. 시작한지 2년 후에 우리는 원하는 대학에 입학했다. KAIST 입학 후 대학 수학, 미적분학을 공부할 때 조금도 지장받았다는 느낌이 없다. 도리어 미적분, 대수, 선형, 행렬, 확률과 통계학 등 수학부문에서 상당히 우수한 성적을 받았다. 핵심을 붙잡았을 때에는 학업에서도 탁월성뿐만 아니라 인생의 여유를 덤으로 받았다. 2, 3년씩 이른 나이에 대학에 들어갔으니까.

누가 탁월한 사람인가? 핵심을 발견했을 때 그 흥분감 때문에 잠을 이루지 못 한 적이 있다면 그 사람 속에 숨은 탁월성을 엿볼 수 있다. 그런 흥분감이 사소한 것은 경쾌하게 넘어가게 하고, 중요한 것은 깊이 음미하게 만든다.

수학의 핵심을 발견하고 잠을 못 이룬 적이 있는가.

그렇다면 탁월성을 향한 문이 열리는 것이다.

예술 작품의 핵심을 발견하고 흥분을 느낀 적이 있는가.

예술가의 탁월성과 교감하면서 그 속에 담긴 생생한 메시지를 느낄 것이다.

고전을 탐독하며 시대를 초월하여 당대의 탁월한 작가와 만나는 흥분감을 느낀다면 고전의 핵심에 다가간 것이다.

우리는 때때로 성경과 탈무드에서 핵심을 발견할 때마다 그와 같은 전율을 느끼곤 한다.

③ **분별력 있는 사람**

할 말인지 하지 않아야 할 말이지, 내가 선택할 수 있는 일인지 선택할 수 없는 일인지,

내가 변화시킬 수 있는 일인지 변화시킬 수 없는 일인지 분별하는 것이다.

내가 변화시킬 수 있는 일은 변화시킬 수 있는 용기를 청하고 변화시킬 수 없는 일이라면 하늘에 맡기는 것이 지혜이다. 억지로 변화시키려는 무모함은 과감하다기보다 분별력이 없는 것이다.

궁극적으로 교육이란 좋은 것과 나쁜 것에 대한 분별력을 배우는 것이다.

또한 내가 할 수 있는 일과 할 수 없는 것이 무엇인지 자신의 제한점을 배우며 그에 맞는 적합한 판단을 하는 것이다.

시험을 볼 때에도 결국 답과 답이 아닌 것을 구분하는 것이 아닌가. 탁월함은 이러한 분별력에서 나타난다.

아이 시절 어떻게 탁월성을 발굴할 것인가?
신중함과 분별력을 키우는 훈련이 필요하다.
자신의 욕구와 감정을 조절하는 훈련에서 비롯된다.
식습관과 수면습관부터 시작할 수 있다.
좋은 것은 취하고 나쁜 것은 바꾸는 것이다.
건강한 습관은 붙이고 해로운 습관은 버리는 것이다.
머리로 나쁘다는 것을 알아도 몸이 말을 듣지 않고 욕구대로 움직인다면 결국 후회할 일을 하는 어리석은 사람이 될 것이다. 화가 난다고 있는 대로 성질을 부린다면 탁월성은 뒷전이 된다.
감정을 잘 조절하고 분별력 있게 말과 행동을 하는 사람이 탁월함의 대로를 활보한다.

④ **생각하는 법을 키우면 실력이 된다**

뇌과학에서는 성격과 지능에 미치는 유전의 영향을 50%라고 말한다. 우린 부모와 조상에게 감사를 드려야 한다. 절반은 거저 받았으니 말이다. 나머지 절반만 노력하면 된다. 천부적인 능력 덕분에 노력 없이 무임승차하는 탁월한 사람이란 없다. 나머지 절반은 나의 노력이 필요하다. 노력 덕에 탁월한 사람은 칭찬 받기에 부끄럽지 않다. 그 사람의 인간적인 노고가 대견하다 할 수 있다.

현대 뇌과학에 따르면 특수한 장애와 질병이 있는 경우를 제외한 정상인의 뇌세포는 그 수가 일정하며 감소하지 않는다고 한다. 신경세포는 다른 신경세포에 정보를 전달하기 위해 시냅스 synapse라는 연결부위를 생성시킨다. 뇌를 사용할 때에는 시냅스가 생기고, 사용하지 않으면 시냅스는 사라진다. (이것을 '뉴런'의 가소성이라고 한다). 그래서 갈수록 매너리즘에 빠지는 경우, 인간은 집중력과 흥미와 탐구심이 떨어진다. 그때 환경 적응력이 강한 뇌는 사용할 수 있는데 활용하지 않는 신경회로를 소거시켜 버린다. IQ나 뇌용량의 문제가 아니라 신경회로에 특별한 활동이 없다고 판단하기 때문이다.

똑같이 '컵'을 보고 있어도 멍하니 보고 있을 때, '컵'이라는 생각을 하며 주의를 기울일 때나 똑같이 뇌는 활발하게 활동한다. 다만 멍하니 보고 있을 때에는 컵을 인식하는 회로가 작동하지 않을 뿐이다. 시냅스가 생기지 않는 것이다.

탁월함은 주어진 뇌회로를 부지런히 활발하게 사용할 때 따라오는 보상이다.

무슨 일을 하든지 '생각'을 가지고 하라는 말이다.

열심히 '사고'하면서 신경회로를 만들어 보라.

손 조작을 많이 하면 뇌의 활용도가 높아진다.

생각이 없으면 발전이 없다. 사실상 교육이란 생각하는 법을 가르치는 것이다. 생각 없이 사는데 어떻게 완성도 높은 수행이 가능하겠는가.

생각 없이 살면, 사는 대로 생각한다.

남들 사는 대로 살면 생각도 남 따라간다.

자기 생각이 없이 살면 남들 따라 살게 된다.

우리 홈스쿨은 생각하는 법을 가르치는 학교였다.

물고기를 잡아주기보다 물고기 잡는 법을 가르쳐 준다는 탈무드의 교훈이 있다.

생각하는 법을 가르치면 사는 게 달라진다. 남다른 삶을 살고 싶은가. 그렇다면 생각하는 법을 키우라.

생각을 가지고 살면 삶이 달라진다.

우리 교육에서는 생각을 키우기 위해 기능에 앞서 태도와 집중력을 가르쳤다.

탁월한 사람은 생각하는 법을 아는 사람이다.

우리는 이것을 '실력'이라고 말한다.

일반적으로 물고기를 많이 가지고 있는 것을 보면 '실력 있다'

고 말하는 사회다. 이것은 일회적이고 정지된 한 순간을 포착한 (cross-section) 것이다. 스스로 잡은 물고기인지 아니면 누가 잡은 물고기를 획득한 것인지 모르는 일이다.

물고기 잡는 법을 아는 데까지 시간이 걸린다. 그러나 이것이 '실력'이다. 긴 시간 횟수를 거듭할수록 (longitudinal section) 실력은 쌓인다. 사람을 발전시키는 성장 동력이 이것이다.

실력은 그 사람의 평생을 책임진다. 나이 들어서도 활용할 수 있는 것이 실력이다.

아이에게 탁월함을 가르친다는 것. 누구와도 비교 당하지 않는 저만의 당당함이 우리 교육의 자랑이 된다. 또 탁월함을 발굴하는 리더 역시 탁월하다는 것을 기억하자.

***

유대인이 탁월한 이유를 살펴보았다. 한 가지는 저들의 '경청' 훈련 때문이다.

'경청'이란 단어의 히브리어는 〈쉐마〉다. 유대인들은 아이들 교육에 〈쉐마 교육〉을 강조한다. 듣기 훈련을 최고로 여긴다. 쓰기나 읽기 또한 중요하겠지만 유대인 교육에서 가장 중요시 여기는 것이 '경청'이다. 저들의 종교가 그렇듯이 새기거나 만든 우상을 보여주는 게 아니라 계시의 말씀과 가르침을 쫓아가다 보니 '경청'을 가장 중요하게 여긴다. 신을 만난다는 것은 곧 신의 메시지를 듣는 것이다. 경청하는 것이다.

잘 듣는 아이가 학업수행도 잘 한다.

"나를 사랑하면 내 말을 들을 것이라"고 요한복음의 저자는 말한다 사랑과 경청을 동일한 수준에 둔다.

어려서부터 유대인들은 랍비의 설교를 듣는 훈련이 탄탄하게 되어 있다.
그래서 그런지 이들은 경영을 하고 장사를 해도 탁월하게 한다. 소비자의 욕구를 잘 경청하기 때문이다. 잘 듣는 사람이 장사도 잘 한다. 유대인의 탁월성의 이유를 '경청'으로 꼽을 정도로 '경청'을 위대하게 생각한다.

"각 사람이 적극적으로 남의 말을 잘 귀담아 들으십시오 그리고 자기 말은 더디 하십시오." (야고보서 1:19)

유대인들은 리더의 자질 중 하나를 '경청'하는 리더십을 꼽는다. 상대의 말을 잘 듣는 것이 자기 주장보다 더 우선해야 한다고 생각한다. '경청'하는 리더십이란 자기 비전, 자기 의견을 관철시키기에 앞서 상대방의 의견을 들어주고 수렴하는 것이라고 보기 때문이다.

경청은 집중력 향상의 효과를 준다. TV 세대보다도 라디오 세대가 더 집중력이 좋다고 할 수 있다. 청각정보만 있는 경우, 상상력을 동원하면서 사고 활동에 두뇌를 열심히 사용하기 때문이다.

반면에 시각정보가 많은 경우, 생각이 제한된다. 보는 것에 의해 생각이 좁혀질 뿐 아니라 두뇌에서는 '생각 스위치'가 꺼진다. 사람은 보는 것만 믿는 경향이 있다. 눈에 띈 것에 골몰하는 뇌 기능 때문이다.

비디오나 TV 같은 스크린의 시각정보가 주목을 끌어도 '생각 스위치'를 끄는 위험성이 있다.

음소거를 시킨 TV나 영화는 이내 흥미를 잃고 만다. 현장성을 느끼는 데에는 청각정보가 좌우하기 때문이다. 사람은 소리에 의해 공포를 느끼고 소리에 긴장감이 더해진다. 배경음악에 의해 현재 진행되는 영화의 흐름을 빨리 이해하고 몰입하게 만든다. 소리가 집중시키는 효과를 주기 때문이다. 소리만 들어도 상상이 시작된다.

선택적 집중은 시각보다 소리가 주는 효과가 더 크다고 할 수 있다. 아이의 집중력을 키우기 위해 경청하는 훈련이 필요하다.

경청하는 훈련에는 세 가지 단계가 있다.

첫째는 부모가 아이의 말에 집중해서 먼저 듣는 태도를 보이는 것이다. 아이는 자기 말을 전폭적으로 주의 깊게 들어주는 부모를 통해 경청하는 법을 배운다. 또 엄마가 아빠 말에 주의를 기울이는 것을 보고 경청하는 법을 배운다. 먼저 들어주는 사람이 필요하다. 선생님의 말에 집중하길 원한다면 선생님이 먼저 아이들의 말에 귀를 기울여야 한다.

둘째는 아이의 말을 들었으면 부모는 그 말을 책임감 있게 지켜줄 필요가 있다. 엄마가 한 말이라면 일관성 있게 끝까지 그 말을 지켜야 한다. 아이의 말을 들은 것과는 상관없이 엄마 마음대로 한다든가, 엄마가 말을 하고서 변덕스럽게 행동한다면 아이는 엄마 말을 신뢰하지 않고 귀를 기울이지 않는다. 아이가 말을 듣기 원한다면 말에 신실한 사람, 신뢰할만한 부모가 되어야 한다. 일관성 있는 태도를 보이면 아이는 여지없이 말을 듣기 시작한다. 아이가 말을 듣지 않는다고 한다면 가정 문제를 점검해야 한다. 부모가 말과 행동이 다르고, 일관성이 없고 변덕스러운지 살펴보아야 한다. 말에 신실함을 가지면 집중력(주의)을 성공적으로 끌어낼 수 있다.

셋째는 부모가 한 말을 아이가 다시 자기 입으로 말하도록 하는 것이다. 잘 들은 아이는 부모가 한 말을 기억하고 다시 말할 수 있다. 잘 들었는지 확인하는 단계가 꼭 필요하다. 귀로만 들었다고 들은 것이 아니다. 고개를 끄덕이고 수긍을 해도 들은 게 아닐 수 있다. 반드시 그 아이 입으로 다시 확인해 보는 것이 중요하다.

혹 수정할 것이 있으면 다시 고칠 수 있다. 자기 입으로 말을 옮기는 작업이 대단히 중요하다. 스스로 뱉은 말에는 책임이 붙는다. 자기가 한 말을 기억하기 때문이다.

다시 정리하면, 아이 말을 먼저 집중해서 들어주라. 일관성 있는 태도를 가지고 들은 말, 부모가 한 말을 끝까지 지키라. 마지막으로 부모가 한 말을 아이 입으로 다시 확인해서 들어보자.

제 11 장
대화의 기술을 터득하라

어렸을 때 함께 놀았던 친구가 있는데 우리가 홈스쿨할 때 부모와 함께 찾아온 적이 있었다.
같이 놀다가 잠시 쉴 때 가볍게 물어 보았다.

"우리 삶에 대해 진지한 얘기 좀 해 볼래?"

내가 말한 삶은 인생의 목적과 의미 있는 삶에 대해 물어본 것이다.

그런데 그 친구의 말은 나를 당황하게 했다.
"나는 연애를 해보지 않았기 때문에 그런 얘기는 못 해."

친구는 사래질을 쳤다.

(뭐? 연애! 그건 또 무슨 말이냐?)

그 친구에게는 진지한 삶 이야기가 연애 이야기였나 보다…
그 후 대화를 하면서 서로가 말하는 문법이 같지 않고 뭔가 차이가 크다는 것을 느꼈다.
'이 친구가 말하는 문화가 학교 문화인가 보다. 깊이 들어갔나 보네.' 생각하게 되었다.

광야는 히브리어로 〈미드바르〉라고 한다. '입' '말하기'란 뜻인데 '말하다' '대화하다'라는 단어 〈다바르〉에서 비롯되었다. 이스라엘 백성이 광야로 나온 이유는 바로 대화하기 위한 것이다. 삶의 근간이 되는 '의미'를 발견하기 위해 광야를 대화의 장소로 삼은 것이다.

우리 집의 〈광야 학교〉 역시 대화를 많이 한다는 특징이 있다. 집이 학교이기 때문에 집에서 생활하며 TV 없이 가족과 함께 지내는 시간이 많았다. 이러한 축복된 시간 덕분에 가족과 많은 대화를 하게 되었다. 서로를 더욱더 잘 알게 되었을 뿐 아니라 우리 자신을 표현하고 상대방의 생각을 경청했다. 가족 간의 친밀감은 물론이고 서로의 의견을 나누며 자신의 부족함을 채우게 되었고 앞으로의 진로와 목표를 설정하는 시간이 되었다.

우리는 대화가 익숙했다. 그래서 모두들 대화를 잘하는 줄 알았다. 그런데 그게 아니었다! 우리 가족이 밖에서 자연스레 대화하고 있으면 사람들이 놀란다. 어떻게 부모와 자식이 서로 그렇게 친밀하게 말을 잘 할 수 있냐고.

KAIST 면접 날, 형과 엄마가 대화를 하고 있었는데 옆의 학부모들이 대화를 엿듣고 있었다.
(형을 보고) "혹시 KAIST 직원이세요?" 하고 물었다.
형을 아들이라는 생각을 미처 하지 못했던 것이다.
엄마는 '아들이라'고 말하였다.
학부모들은 이구동성으로 자기 아들에게 말을 걸면 '됐어' 하며 쳐낸데나… 헉!?

우리 교육에서 가장 중요한 건 '대화'communication를 위한 시간이었다. 교육의 성공여부는 '대화'에 있다.

"오늘은 뭘 배웠니?"

우리는 자연스러운 대화를 위해 저녁식사 시간을 개방했다. 질문도 하고 이유를 설명도 하고 각자 입장을 들어 보기도 하고… 부모가 퇴근하면 자연히 우리들은 방을 열고 식구들과 함께 앉아 조잘거리는 모습을 상상할 수 있다. 참새들도 해질녘엔 함께 모여 시끄러울 정도로 조잘대지 않는가. 식사 후에, 잠자기 전에, 가족들이 모였을 때면 언제든지 대화를 하고 자주 토론으로 이어졌다.

일주일에 한두 번씩 그랬는데 가족 간의 소통 관계에 큰 도움이 되었다. 토론은 규칙에 얽매이지 않아서 그런지 목소리가 높아지는 경우도 있고 격앙된 소리로 자기 주장을 펼치기도 하였다. 물론 서로 깊이 포옹하는 것으로 끝을 맺었다. 어느 때는 결론이 나질 않아 며칠 뒤에 이어지는 토론도 있었다. 결론을 의식하고 토론하는 것은 아니다. 그러나 뭔가 매듭은 지어져야 하기 때문에 나중에 이야기를 정리하곤 하였다.

우리가 '옥스포드 토론'이라고 명명할 정도로 영국의 옥스포드 여행 중에도 치열한 토론이 벌어진 적이 있다. 그때를 포함해서 우리가 나눈 토론 주제를 몇 가지 꼽아 보았다.

- ☐ 신이 전지/전능/전선全善하다면 어떻게 악이 존재하는가?
- ☐ 사람에게 자유의지가 있는가 없는가?
- ☐ 어떻게 신이 있다는 것을 확신할 수 있는가?

❏ 창조라고 해도 진화를 창조원리로 창조할 수는 없는가 (진화론적 창조의 가능성)?
❏ 어째서 창조와 진화는 논리적으로 배반적(반대)인가?
❏ 담배는 해롭다지만 술은 왜 안 되는가?
❏ 이성교제할 때 스킨십은 어디까지 가능한가?
❏ 남자가 귀걸이/문신 하는 것은 어떤가?
❏ 세상은 진보하는 데 어째서 가난이 만연하는가?
❏ 가난의 원인이 개인의 나태함인가 아니면 사회의 구조적인 문제인가?
❏ 복지에 개인이 나서야 하는가 국가가 나서야 하는가?
❏ 투기는 왜 하면 안 되는가?
❏ 환율은 어떻게 누가 결정하는가?
❏ 돈이 부족하면 한국은행에서 그냥 찍어내면 되지 않는가?
❏ 금융위기를 일으키는 세계화의 판은 누가 짜는가?
❏ 온라인 게임은 왜 하지 않는 게 좋은가?
❏ 남자가 여성스러운 옷을 입지 말아야 하는 이유는 무엇인가?
❏ 패션 상품 중에 동성애 코드가 있는 것이 왜 문제가 되는가?

우리의 지식을 넘어서는 어떤 주제는 며칠씩 도서관을 다니며 책을 찾아봐야 했다. 두고두고 생각하게 만드는 주제도 있었다. 부모와 우리들의 결론이 다른 주제도 생겼다. 하지만 의견 교환

차원을 넘어서 부모와 무엇이나 이야기할 수 있다는 안정감과 신뢰감이 중요했다. 경기에 졌어도 함께 뛴 선수들이 둥글게 모여 서로 수고했다고 단합을 다진다. 우리도 마찬가지 토론 후에 동일한 연대감을 다졌다.

대화와 토론은 특별히 집중력을 요구한다. 아이들의 질문에 부모는 건성으로 대꾸하지 않고 의미 있는 대답을 할 때 아이는 초롱초롱 눈을 뜨고 대화에 집중한다. 대화가 뚝뚝 끊어지는 이유는 마음을 나누지 않고 값싼 응답을 하기 때문이다. 아이들은 이런 대화에 의미를 느끼지 않고 튕겨 나간다. 집중할 이유가 없는 것이다. 아이들이 건네는 질문이나 의견을 부모가 소중하게 받아 준다면 아이들은 집중력을 가지고 대화에 참여한다.

부모가 아이 눈을 보며 대화하는 데에는 이유가 있다. 눈과 눈을 마주 대할 eye-contact 때에는 집중하는 효과가 크다. 한눈 팔고 있을 때는 생각을 집중시키기 어렵다. 시선을 두는 곳에 생각도 머문다. 눈을 응시할 때 아이는 자기에게 집중하는 부모로부터 존중 받는다는 느낌을 갖는다.

우리는 특별히 생일이나 기념일이 되면 생일 선물 중 하나로 축하 주인공과 대화 시간을 갖는다. 대화가 선물인 것이다. 그 시간의 주인공은 특별히 주목 받아서 좋고 다른 식구들은 집중할 수 있어서 좋다. 인터뷰할 때 여러 가지 희한한 질문도 받는다.

"십 년 뒤에 하고 싶은 일은?
큰 돈이 생기면 뭘 하겠는지?
어렸을 때 소방관이 되고 싶었던 이유?
여행을 간다면 제일 가고 싶은 데는?
호텔 주방장이 된다면 무슨 일품요리를 만들겠는지?
두 개의 직업을 가질 수 있다면 어떤 것을 선택하겠는지?…"
호기심 어린 많은 질문을 고안할 수 있다. 주인공을 알고 싶은 마음으로 질문한다. 온 식구가 집중해서 대화하는 시간이 되어 뜻 깊다.

우리가 나누는 대화방식은 이렇다. 의문형으로 대화를 청한다.
"너는 어떻게 생각하니?"
"그렇게 하는 건 어때?"
"뭐가 더 좋을까?"

공감형과 부탁형을 사용하기도 한다.
"그럴 땐 정말 힘들겠구나."
"이런 변화를 주면 내가 안심이 될 것 같아. 그렇게 해 주지 않겠니?"

말 안하고 지내다가 갑자기 대화하자면 어색하다. 평소에 의식적으로 대화하는 게 중요하다. 특별히 마음을 나누는 대화, 마음을 읽어주는 대화를 나눈다.

"그때 어떤 생각이 들었니?"
"그럴 때 나 같으면 섭섭했을텐데 너는 어땠어?"
"어떤 점이 재미있었는지 자세히 얘기해 줄래?"

우리는 질문에 대해 "모르겠다"는 말은 하지 않기로 원칙을 정했다. 뭔가 표현할 말을 찾기로 했다. 우리 집에서 '모르겠다'는 말은 없다.

대화에도 원칙이 있다.

① **상대 말을 경청한다.**

일단 말을 듣는 것부터 시작이다. 부모 입장에서 주장하는 말이 시작되면 아이는 이미 결론내린 의도적인 대화라고 생각해서 대화가 진행되지 않는다. 각자 자신의 표현과 설명을 듣는 시간이 필요하다. 그 속을 알고 싶으면 공감하는 언어를 사용하는 것이 좋다. 귤 껍질 까듯이 알이 터지지 않게 자근자근 물어보는 것이다.

② 공감하는 언어를 사용한다.

　마음에 공감하는 언어는 이해 받는다는 느낌을 준다. 마음을 여는 기술이 곧 '공감'이다. 공감하는 언어에는 말만 있지 않다. 몸짓 언어도 있다. 표정과 함께 어깨를 도닥이는 것도 훌륭한 공감 언어이다. 어떨 땐 안타까운 표정을 짓고 눈물을 글썽일 수도 있다. 함께 안아주고 눈물을 흘릴 수도 있다. 즐거운 분위기라면 소리내어 웃기도 한다. 감정은 이럴 때 사용하라고 주어졌다. 공감하는 분위기가 서로를 하나 되게 한다.

③ 판단하는 언어를 사용하지 않는다.

"넌 원래 그래."
"누굴 닮아서 그러니."
"또 시작하네."
"왜 그 모양이니?"

　판단언어는 부모가 아이를 고정된 시각, 부정적인 눈길로 줄곧 봐왔다는 뜻이 된다. 그래서 판단언어는 소통을 단절시킨다. 개선의 여지를 주지 않는다. 판단은 상대를 밀어낸다. 수용이 아니라 거절하는 느낌을 주는 것이다. 부모는 아이를 단정짓지 않는 것이 중요하다. 성장하는 아이는 언제나 변화가능하고 개선시킬 수 있다. 긍정적인 언어를 사용하도록 한다.

④ '나-메시지' I-message로 소통한다.

'너-메시지' You-message는 이렇다.
"너 때문에 이래…"
"네가 그러니까 그랬지…"

상대를 비난하고 책임을 전가시키는 말이다. 그러면 대화는 소통이 되지 않고 변명과 주장과 핑계만 늘어난다.

부모와 아이가 소통하려면 '나-메시지' I-message를 사용하는 게 좋다.

"네가 이랬을 때 그러면 나는 힘들어."
나를 표현하는 말이다.
"내가 보기엔….", "내 생각에…"라는 말을 넣어서 대화하는 것이다.
내 감정, 내 상태, 내 의견을 솔직하게 이야기한다.
내 마음이 진심으로 어렵다는데 그걸 몰라줄 식구는 없다.

⑤ 이해는 안 돼도 수긍은 할 수 있다.

어떤 갈등은 개인차가 커서 이해가 되지 않을 수 있다. 하지만 상대가 그렇다는 걸 수긍은 할 수 있다.

이해가 되어야만 문제를 해결할 수 있지 않다. 수긍이 되면 행동과 상황을 바꿀 수 있다. 상대방을 수긍하고 인정하는 것은 관계의 거리를 좁히자는 것이다.

'용납한다'는 말은 이해한다는 말이 아니다. 수긍한다는 말이다.

상대방을 있는 그대로 받아들인다고 하지만 실제 그럴 수 있는 사람은 없지 않을까 한다. 자기 원칙이 있고 자기 방식이 있는데 상대를 있는 그대로 받아들이긴 어렵다. 그냥 수긍한다는 말이다.

'저렇게도 행동할 수 있구나.'

차이를 인정하는 것이다. 그러면 어디서 선을 그을지 알게 된다.

⑥ 진실한 대화 끝에 '길'이 보인다.

진실하다는 건 변명과 구실을 대지 않고 정직하게 대한다는 것이다. 정직은 상대방보다 자신을 위한 것이다.
 거짓과 정직은 자기만 안다. 부끄럽기 때문에 숨기고 변명하는 것이다. 거짓은 자기 내면에 그늘이 생기게 만든다.

"너, 거짓말 하니?"
 설사 했어도 이렇게 찔리는 말에는 반발하게 마련이다. 부정적인 표현보다는 긍정적인 말이 씨가 먹힌다.
 솔직하다고 직설적으로 말하는 부정적인 표현은 조심하는 것이 좋다. 희망적인 표현으로 바꿀 수 있다.

"진실한 사람이 되길 바라는구나."

 되길 바라는 아이의 모습을 표현할 때 말하는 이나 듣는 이 모두 희망을 가질 수 있다. 현실은 그렇지 않아도 누구나 소망은 가질 수 있다. 희망을 주는 말이 아이에게 용기를 일으킨다.
 실수했을 때 야단치기보다 진실하게 이야기할 수 있도록 부드러운 질문을 하면 마음이 열린다.

"뭐가 불편하니?"
"화가 난 모양인데 도와줄까?"
"힘들어 보인다. 얘기해 주면 엄마가 도와줄 텐데."

'문제 해결하는 걸 돕기 위해 부모가 있는 것'이라는 메시지를 끈기있게 하는 것이 좋다. 뜸은 들여도 진실된 답장을 받는 때가 온다. 그러면 더 이상 우리 집에서 실수를 잡기 위해 톡톡 털었던 책망이라는 먼지털이개를 사용할 필요가 없다. 사방에 거미줄을 치고 숨어있던 은폐된 거미가 진실의 빛 가운데 사라졌기 때문이다.

부모는 아이가 잘못했더라도 진실하게 말할 때 도리어 칭찬하며 받아주어라.

진실하게 말하기 위해 용기가 필요하다. 그 용기를 칭찬해 주어라. 그러면 언제나 진실하게 말할 것이다. 서로가 진실할 때에 무슨 문제든 해결할 수 있다.

'진실하면 길이 보인다.'

진실해지면 상대의 띠끌 같은 실수보다 자신의 들보 같은 판단 기준을 깨닫는 순간이 온다. 서로 자신을 직면하고 잘못된 인식과 오해를 인정하기 쉽다. 그러면 사과하고 용서하는 자리까지 움직일 수 있다. 용기있는 사람이 문제를 해결할 수 있다.

⑦ **잔소리가 아니라 부탁으로, 지적이 아니라 반성적인 언어로 건넨다**

부모의 잔소리가 아이를 위한 말처럼 보이지만 실상은 부모의 감정이 곤두섰다는 것을 보여주는 보챔이다. 분명 욕이나 나쁜 말을 하는 게 아닌데 듣는 상대는 짜증을 일으킨다. 그러면 "엄마나 잘하시죠" 되받아치는 반응이 나타난다. 현재 일만 말하면 되는 걸, 지난 일까지 들추기 시작한다. 이미 잔소리로 바뀐 것이다.

언제나 지금 일만 이야기한다. 잔소리가 아니라 부탁하는 말로 표현하도록 한다. 정중하게 부탁하는 이야기에는 짜증스런 반응이 나오지 않는다.

자기 위치에서 생각하고 반성하는 자세에서 '부탁'이 나온다.
'나라면 어떻게 문제 해결에 도움을 줄 수 있을까?'

대안을 찾으려는 반성적인 사고를 가질 때 '부탁'하는 언어로 표현이 나간다. 부탁할 때 구체적으로 상황을 들어 부탁해 보라. 한결 수용하기가 좋다.

잔소리와 닦달하는 소리를 듣고 자란 아이 역시 조바심을 내며 안달한다. 부탁하는 말을 듣고 자란 아이는 요청할 때 정중하고 인격적으로 표현할 줄 안다.

⑧ 이해와 사랑이 있으면 원칙을 세워야 한다.

관계는 질서를 세워야 좌우로 치우치지 않고 균형을 잡고 오래 갈 수 있다. 어떻게 질서를 잡으면 좋을지 이야기하는 것이 좋다. 원칙과 질서는 관계를 아름답게 만든다.

원칙만 내세우고 사랑이 없으면 사람이 상처를 입는다. 부모가 원칙을 들이댈 때 아이들은 부모를 지켜보다가 무책임함이나 과오가 생기는 날이면 그냥 넘어가지 않는다. 역공으로 아이들이 원칙을 들이대면 무서워진다. 불성실한 부모를 본따 자기 인생도 망가뜨리겠다고 위협하기 때문이다.

그렇지만 원칙이 있되 이해와 용서가 있고 공평함이 따른다면 아이들은 설득이 된다. 부모의 마음과 원칙을 이해하고 받아들일 것이다.

또 사랑은 넘치는데 원칙이 없으면 뭐가 뭔지 모르게 정신없는 집이 된다. 질서 없이 이래도 괜찮고 저래도 괜찮은 흐지부지한 집이 된다. 결코 오래 가지 못한다. 열정이 불같이 타올랐다가 무원칙과 무책임함이 이내 열정을 꺼뜨리고 만다. 약속을 지키고 원칙을 끝까지 따라갈 때 신뢰란 게 쌓이고 질서가 잡힌다. 질서가 있는 관계는 평생을 간다.

⑨ **언제나 대화 끝에는 따뜻한 포옹을 한다.**

포옹은 소통 관계를 만드는 데 마지막 도장을 찍는 것과 같다. '언제나 너를 받아들인다'는 메시지이다. 성공적인 소통 관계는 대화를 마친 다음에 뭔가 깨끗이 털어낸 느낌이 뒤따른다. 시원하고 이해 받은 느낌. 홀가분함을 경험한다. 부모에게 이해 받은 아이는 또래 친구들에게 인정 받으려고 비굴한 모습을 보이지 않는다. 부모와 소통이 되는 아이는 친구들 사이에서 따돌림 받을까 전전긍긍하지 않는다. 당당하고 자부심 있는 아이가 된다. 우리는 언제나 집에서 포옹을 받았다

대화하며 소통하는 가운데 성장한 아이는 갈등이나 문제가 생기면 화를 내거나 방관하지 않는다. 분별력 있게 문제를 해결해 간다. 위기관리 능력을 발휘한다. 사람들과의 대인 관계에서 이해와 소통이 잘 되는 아이가 환영 받는 사람이 된다.

우리 형제는 어렸을 때 TV시청 교육을 받은 적이 있다. 우리들과 대화하며 소통하기 위해서 우리 부모는 어린이 시간의 만화영화를 우리와 함께 봤다. 무엇이 재미있는지 무엇이 이해가 되지 않는지 어떤 것은 이상하다든지 우리와 함께 소통하려는 것이다. 이렇게 함께 보는 시간을 몇 차례 가진 다음에는 부모가 꼭 함께 시청하지 않아도 우리 스스로 분별하고 판단을 내렸다. 부모가 없어도 부모의 존재감을 느꼈다.

우리 부모는 시작과 중간에 끼어드는 TV광고를 문제 삼았다. 어린이 시간대의 장난감 광고, 과자 광고 등을 보면 아이들의 충동성을 자극 시켜 갖고 싶게 만드는데 대부분이 그렇다는 것이다. 그렇다고 어린이 시간 전체를 금지시킬 수는 없는 노릇이다. 그때 어떻게 해결할 수 있을지 부모는 우리들과 함께 대화에 들어갔다. 나이가 어려도 우리의 건강을 생각하시는 부모의 마음을

이해할 수 있었다.

우리는 광고시간이 되면 잠시 끄고 나갔다 다시 들어오겠다고 하였다. 나가기 어려울 때가 있으면 음소거mute를 시키겠다고 하였다. 우리는 우리 입으로 한 말을 지켰다. 부모가 안 보일 때에도 약속을 지키는 우리들 태도가 부모를 안심시켰다. 광고의 영향을 받지 않는 것은 물론이다.

더 나아가 TV 프로그램을 선별하는 안목도 중요했다. 폭력적이고 귀신이 등장하는 부정적인 영적 세계 역시 문제가 되었다. 마법 만화라 해도 두려움을 주거나 이상한 세계를 접하도록 호기심을 일으키는 것은 우리 집에서 조심했다. 예를 들어 포켓몬스터나 손오공 등은 어떤 세계관을 가지고 있는지 우리 어린 아이 수준에 맞는 설명을 들었다. 물론 우리들 의견도 말했다. 어떤 것은 직접 부모와 함께 같이 보면서 이야기를 나눴다. 강요된 금지는 조심스러웠다. 동의를 얻거나 함께 결정하는 것이 중요했다.

시간은 걸리지만 이렇게 형성된 관계와 생활습관은 집을 벗어나도 동일하게 유지되었다. 친척집에 가도 TV광고가 시작되면 나갔다가 들어왔다. 이런 까닭으로 우리 집에서는 장난감 총이나 장난감 칼 등도 자연스럽게 소지할 수 없는 제한 품목이 되었다. 어린이 TV시간부터 시작된 가치관이 장난감 무기까지 연장된 것이다. 남자 형제끼리 치고받는 몸싸움 같은 것은 당연히 없었다. 전투 만화 장면을 보지 않으니 형제끼리 부대끼는 전투 놀이도 없었다. 무기가 없으니 싸울 수도 없다.

홈스쿨할 때 이와 같은 대화와 소통 방식은 살아서 움직였다. 시작 단계에서는(3~6개월간) 부모의 존재가 무척이나 중요했다. 그러나 적응단계를 지난 후부터(6개월 이후) 늘 부모가 붙어 있을 필요가 없었다.

우리 스스로 선택하는 태도(자율성)가 형성된 다음부터는 대화와 소통으로 모든 문제가 해결되었다.

제 12 장
능력을 키우라

1. 집중력

집중력은 주의를 기울이는 태도를 말한다. 우리 뇌에서 어떻게 주의를 기울이며 정보에 대해 집중력을 갖는지 살펴보자.

우리는 일상 생활에서 눈과 귀를 통해 막대한 정보가 입력된다. 그런데도 다 기억나지 않는 것은 무슨 일일까? 운전하는 운전자가 대화를 한다든지 다른 생각을 하면서 운전을 하면 분명히 길은 지나왔는데 지나친 주위 도로상황이 기억나질 않는다. 골똘히 생각하면서 길을 걸어도 마찬가지다. 지나가는 동안 길을 보면서 걸었는데 걷는 동안 주변 상황이 기억나지 않는다. 한 가지에 집중했기 때문에 그렇다.

수없이 많은 시각과 청각 정보가 입력되었어도 우리 두뇌의 전두엽에서 집중하지 않은 일은 기억하지 않는다. 뇌의 저장 용량의 한계 때문인지 우리 두뇌는 모든 정보를 기억하지 않음으로써 뇌를 효율적으로 사용하려 한다.

잔칫집에서 많은 사람들이 웅성거리며 시끌벅적한데도 나와 관계된 관심거리에만 귀가 솔깃하다. 나중에 그 이야기만 기억이 난다. 그 많은 청각정보가 있었는데도 나에게 의미 있는 정보만을 골라내어 일시적으로 보관한다.

전두엽의 역할이다. 이것을 〈선택적 집중〉selective attention이라고 한다.

의미 있는 것만 선택적으로 집중한다는 말이다. 시끄러운 곳에서도 공부가 잘 된다고 하는 사람은 선택적 집중력을 사용한 것이다. 공부에 관심을 두고 집중한 결과이다. 이렇게 목적이 뚜렷한 사람은 집중력을 잘 발휘할 수 있다.

뇌를 활발하게 사용하는 것은 IQ나 능력의 문제라기보다 집중력의 문제다. 매너리즘에 빠져서 생각을 하지 않는 뇌는 집중력이 떨어진다. 뇌의 신경회로를 충분히 활용하지 않는 것이다. 신경회로를 사용하지 않으면 뇌는 감퇴한다. 가치와 흥미를 느끼며 공부에 접근할 때 전두엽에서 집중력을 발휘한다.

가치관 교육에서 의미와 목적을 일깨우는 이유가 이것이다. 동기 부여가 곧바로 전두엽의 집중력과 연결되기 때문이다. 가치와 의미가 동기 부여라는 차원에서 얼마나 중요한지 말해 준다.

TV에 쏙 빠져서 보는 아이는 옆에서 밥 먹으라는 말 소리가 들리지 않는다. 분명히 들었을 텐데 기억하지 못하는 것이다. TV에 집중해 있기 때문이다. TV가 아이의 흥미를 끌어당겼다. 여기까지는 TV가 집중력 향상에 도움을 준 것처럼 보인다.

하지만 TV를 보는 동안 아이는 생각하는 법을 잠시 잊는다. 의미를 생각하며 집중하는 전두엽의 활동이 멈춘 것이다. 흥미가 '감정의 뇌'를 자극하는 동안 생각이 멈춰버렸다. TV에 빠지면 도리어 생각하는 습관을 지루하게 여기고 흥미를 갖지 않는다. 시각과 청각적 감각이 아드레날린 분비를 더 빨리 자극한다는 것을 몸이 터득한 것이다.

생각하는 습관이 TV보다 무료하고 따분하게 느껴지는 이유는 쾌락중추가 '감정의 뇌'와 더 밀접하게 연관되어 있기 때문이리라.

TV 앞에 꼼짝 않고 눈을 떼지 않는 아이를 집중력 좋다고 말하면 곤란하다. 전두엽을 사용하지 않은 채 곧장 '감정의 뇌'를 자극하는 것이다. 처음에 전두엽은 선택적 집중력을 발휘하며 관심을 갖고 호기심 속에서 TV를 보기 시작한다. 하지만 이내 '생각 스위치'를 끄고 곧장 '감정의 뇌'로 회로를 연결시킨다. 그래서 별 의미도 없고, 끝나면 허탈한데도 이미 발동이 걸린 감각적인 흥분감을 멈추기 어렵다. 감정 조절의 기능을 맡고 있는 전두엽의 '생각 스위치'가 꺼져 있고, '감정의 뇌'에서 쾌락중추로 가는 스위치는 켜져 있기 때문이다.

이것이 대화 중인 운전자와 TV와의 차이이다. 처음에는 똑같이 선택적 집중력으로 시작한다. 그러나 TV는 이내 '생각 스위치'를 끈 상태로 전두엽을 사용하지 않는 반면, 대화 중인 운전자는 의미 있는 대화에 집중하며 전두엽을 계속해서 사용한다. 이런 과정이 반복되면 TV는 중독성을 띤다. (아드레날린 자극을 즐기면서 일정 수준 이상이 되기를 바란다.) TV 볼 때 전두엽을 통과하지 않고 무의식적으로 리모콘을 계속하여 붙들고 있다. 별 재미도 없는 TV를 멍하니 보는 상태가 지속된다.

그러나 운전자는 대화에 중독되지 않는다. 대화에 의미가 없어지면 전두엽은 감정 제어에 나선다. 운전에 집중하는 것을 다시 우선순위로 한다.

(TV와 마찬가지로 영화/비디오도 〈생각 스위치〉를 끄게 만든다. 학습장애를 가져오는 '비디오 증후군'이 그런 예이다. 어린 시절의 비디오 학습은 오히려 집중력에 장애를 준다고 하니 조심스럽다.)

책을 읽되 생각하면서 읽는 독서 습관이 중요하다. '생각하며 독서하기'는 시각적인 효과나 청각적인 효과가 거의 없는 상태에서 글로만 된 책을 읽을 때 상상과 의구심과 여러 가지 생각의 나래가 펼쳐진다.

하지만 독서할 때 '생각 없이' 책을 보는 경우가 있다. 만화책이 그렇다. 그림을 따라가면서 흥미진진하게 페이지를 넘기지만 별 생각 없이 읽게 된다. 흔히 책의 순서와 논리를 따라가다 보면 저자가 만든 생각의 수로만 따라가게 되어 있다. 생각을 할 겨를이 없어진다. 소설도 그렇다. 상상력으로 흥미를 자극시키기 때문에 감정이 '생각 스위치'를 깜빡깜빡 꺼뜨리기도 한다. 무협소설이나 탐정소설을 읽은 경험이 있다면 이해하리라. 소설을 읽을 때에는 인물과 줄거리와 플롯plot에 배인 가치관과 세계관을 주의 깊게 살피며 의미를 생각하고 읽을 필요가 있다.

생각하며 독서하는 법을 도와주기 위해 우리의 팁 하나 소개하면, 문학/비문학 작품을 읽을 때 꼭 연필을 쥐고 책에다 자기 생각을 집어넣을 기세로 교정 보듯 읽는 것이다. 우리는 연필 끝을 쫓아가며 책을 읽었다. 별 세 개도 좋고 물음표와 따옴표, 이음줄, 이모티콘 등 온갖 자기만의 느낌과 생각을 단어와 아이콘으로 표시하며 읽는다. 나중에 다시 책을 폈을 때 기억하기 위한 것이다. 특정 표시 부분만 읽어도 그때 생각이 다시 떠오른다.

컴퓨터 게임은 어째서 집중력을 떨어뜨릴까? 오히려 더 충동적이 되는 이유는 무엇일까?

이마 쪽에 있는 대뇌 전두엽의 기능이 떨어지기 때문이다. 컴퓨터 게임을 할 때 뇌의 처리과정을 보면 시각정보가 측두엽(시각처리)에서 후두엽(공간처리)을 지나가지만, 전두엽을 거치지 않고 직접 대뇌의 운동령으로 전달된다. 따라서 깊이 생각하고 행동하는 기능을 담당하는 전두엽의 발달이 떨어질 수밖에 없다. 게임중독이 되면 집중력/기억력/충동 억제, 배려와 같은 감정 조절을 맡고 있는 전두엽에 문제가 생긴다.

한편으로 중뇌에서는 도파민이 방출되어 먹고 자는 것을 잊을 정도로 흥분과 쾌락에 몰두하게 만든다. 그런데 도파민 조절이 되지 않을 때, 전두엽이 담당하는 '선택적 집중력'이 저하된다는 것이 문제다. 한 가지 일에 주의하거나 집중할 수 없게 되는 것이다. 차분하게 생각하기 어려워진다. 생각없이 충동적으로 행동하는 주의력결핍/과잉행동장애ADHD의 원인이 된다. 갈수록 일상생활에서 가질 수 있는 즐거움과 슬픔에 대한 표현은 사라지고 생활의욕이 현저히 떨어진다.

컴퓨터의 가상세계는 지나치게 감정을 소모하도록 만든다. 그렇게 감정적인 아이가 되면 쉽게 화를 내고 짜증을 밥 먹듯이 낸다. 가상세계는 주위의 실제 세계를 차단시켜 소통하지 못하도록 하기 때문에 창조적이고 예술적인 표현 능력을 떨어뜨린다. 반면에 컴퓨터게임을 삼가기만 해도 집중력 향상에 (무독화 기간이 지난 후에) 극적인 변화를 가져온다.

실제 세계에서 직접 사람을 만나고 사물을 접하면서 얻는 경험은 신선하고 풍부한 정보를 제공한다. 이것은 뇌 발달을 자극시키고 표현에 대한 의욕을 일으킨다.

우리 홈스쿨에서는 보드게임과 장기/바둑/체스/리버시/카드놀이 등을 가족과 함께 즐겼다. 우리 형제가 직접 창작한 보드게임과 대칭 체스게임은 고도의 머리를 쓰지 않으면 안 되도록 고안되었다. 상품으로 내놓으면 히트할 만큼 예감 좋은 보드게임들이 몇 가지 있는데 우리들의 발상이다.

2. 직관력

직관력이라고 하면 논리적 사고에 앞서 사물이나 문제를 꿰뚫는 통찰력을 말한다.

수식과 도형으로 수학적 설명을 할 때 그림 보듯 문제를 꿰뚫어 보고 풀어낸다면 직관력이 뛰어난 것이다. 직관적인 능력은 상당한 시간을 절약할 뿐더러 푸는 과정에 드는 노력을 줄여준다. 이렇듯 직관력을 키우면 창조적 사고에 유연성이 더해져 지름길을 찾아서 사고한다. 핵심을 찌르는 속도가 빨라지는 것이다.

레고 조립을 할 때 매뉴얼을 보고 짝을 맞추고 기어비를 생각해서 하나씩 쌓아올릴 수 있다. 하지만 직관적인 아이는 설계나 매뉴얼 없이도 머릿속에 그려진 대로 손을 움직이며 즉석에서 만들어낸다. 직관적일수록 창조적인 솜씨가 빛을 내어 주위를 놀래킨다.

직관력을 어떻게 키울 수 있을까? 소설을 읽으면 머릿속에 그림 그리듯 장면이 만들어진다. 그러나 논설문이나 설명문을 읽으면 그림처럼 이어지지 않는다. 그저 암호화된 글자에 의미가 따라 붙을 뿐 집중하지 않으면 무슨 말인지 모른다. 만약 논설문을 읽는데 그림처럼 그려진다면 무척이나 집중이 잘 될 것이다. 하지만 그런 일은 흔히 일어나지 않는다. 왜냐하면 원판이 그림이 아니기 때문이다.

소설은 그림과 같은 장면을 원판으로 해서 작가가 글로 묘사하기 때문에 독자는 작가의 글을 읽으며 뇌에서 다시 그림으로 변환시킬 수 있다. 하지만 논설문은 원판이 그림이 아니다. 그러니 독자가 그림으로 변환시킬 수 없다. 설명하려는 의미만 전달된다. 논설이나 설명문을 직관적으로 파악하려면 그쪽 세계관의 전체 그림을 가지고 있다든지 아니면 독자가 가진 세계관 그림이 뚜렷해서 지그소퍼즐 끼우듯 이리저리 대보고 그 차이를 비교할 때 가능하다.

수학에서 수식과 도형을 설명하는데 그림 그리듯 꿰뚫어 본다면 수학적 직관이 좋다고 한다. 수학자가 그림처럼 가지고 있던 원판을 독자가 그림처럼 수학적 기호를 보고 있는 것이다. 그것이 직관적 이해이다.

예술가들은 직관력이 뛰어나다. 특별히 시각적 예술 분야가 그렇다. 그림 그릴 때 붓터치나 색감에 무슨 논리가 있는 것이 아니다. 직관적 이해가 빠른 관람객들은 화가의 본래 의도에 빠르게 접근한다. 말로 표현하기 어려운 화가의 세계관에 공감을 표시한다.

수학을 공부할 때 직관력을 키우고자 한다면 그래픽계산기를 사용하고 컴퓨터를 이용하면 좋다. 수식과 도형을 시각적으로 표현해 보면 직관력 터득에 도움이 된다.

기하는 직접 작도를 해 보아야 하고,

수작업으로 주사위를 던지며 확률놀이를 해 보아야 한다.

황금비율을 만들어보고

피보나치 수열을 작성하고

자연물 속에서 황금비율을 찾아봐야 한다.

직각삼각형에서 피타고라스정리를 직관적으로 증명해보고

직각삼각형을 빙빙 돌리면서 각도를 비ratio로 변환시킨 삼각비를 유도해 본다.

레고 조립은 도형조작과 기하학적 공간놀이에 직관력을 향상시킬 수 있는 놀이다.

트럼프와 주사위 등으로 보드게임을 만들어 확률놀이를 많이 해볼 필요가 있다.

통계적 판단에는 직관력이 꼭 들어간다. 따라서 확률과 경우의 수를 따지는 체스와 장기, 바둑이 직관력을 높이는 데 도움이 된다.

그래픽 디자인과 수채화, 아크릴화, 유화에 도전해 보라. 색채예술은 직관력과 밀접한 관계가 있다.

상징과 코드가 숨어 있는 언어기호학의 신화와 고고학을 접해 보라. 상징과 코드로 역사와 문화를 읽어내는 데에는 다양한 통찰이 필요하다. 고대로부터 인간은 직관력을 활용해왔다. 그것을 압축해 놓은 것이 상징이고 언어이다. 시대마다 상징과 언어가 코드화 되어 역사를 넘어왔다. 고고학은 유물과 함께 상징과 언어 단서를 가지고 숨겨진 코드를 푼다. 직관력을 가지고 당시 철학과 사회인들이 품었던 원판 그림에 접근한다.

우리가 가장 흥미롭고 수월하게 접근할 수 있었던 상징과 코드는 '성경'이다. 고대로부터 이어온 인간성에 대한 직관력만이 아니라 바벨론, 페르시아, 그리스, 로마로 이어지는 다민족 통합국가를 중심으로 펼쳐진 세계역사와 인간사회의 축적된 지혜에 대한 직관적 이해를 가져다 준다.

언어를 공부할 때 어원을 이해하면 언어에 대한 직관력을 높일 수 있다.

많은 영어단어가 라틴어에서 유래되었고 라틴어는 그리스와 히브리어/아람어에서 유래되었다. 언어의 유래를 알면 고대부터 언어를 사용했던 이들의 사고와 더불어 그들이 가진 원판 그림에 접근할 수 있다. 그야말로 직관력을 통해 고대인과 나 사이의 근사한 소통이 이루어진다.

수학사에나 나오는 고대인의 측량법과 함께 신체 계수방식과 12진법, 60진법과 달력기록방식을 공부해 보라. 그러면 고대인의 세계관에 접근할 수 있다. 인류가 시작되면서 손가락 계수법부터 비롯하여 해와 달의 계수법이 우리의 계절과 연한을 계산하는 데 쓰였다는 것은 어마어마한 직관적 통찰의 결과이다. 숫자를 세고 측량하는데 자기 신체를 이용하고 하늘의 별들을 이용했으니 말이다.

이러한 직관력에 의해 아무도 지구 밖에서 관측한 적도 없던 시대에 지구가 둥글다는 것을 알았고 그 지름을 계산하였다. 그리고 달과 태양까지의 거리를 계측하였고, 태양계의 천왕성과 해왕성까지 그 존재를 파악하였으며 궤도까지 계산하였다.

내가 가지고 있는 신체와 눈에 보이는 천체를 가지고 직관력만으로 우주의 끝을 알아내고 우주의 기원과 만물의 원인을 파악하고 있지 않은가.

아무도 경험하지 않았어도 빛의 세계에서 시간이 늘어나고 짧아지는 시공간의 신축성이 존재한다는 비상한 이야기를 아무도 이상하다 말하지 않는다. 직관력을 가진 한 과학자가 상대성이론을 통해 세계를 감화시켰기 때문이다. (이 이론을 처음 이야기한 아인슈타인을 이해한 사람이 당시엔 거의 없었다. 30년 후에나 이해하기 시작했다.)

직관력에서 인류를 위한 발명품이 나오고 보순이 조화를 이루며 세계관의 패러다임이 바뀌고 혁명이 일어나며 노예제도가 없어지고 신분제도가 철폐되었으며 사회경제 제도가 바뀌고 국가가 통폐합되었다.

이제 직관력을 높이는 교육을 해 보자. 새로운 사회, 새로운 정치, 새로운 국가, 새로운 기술, 새로운 문화를 창조해 낼 것이다.

3. 이해력/추리력

이해력은 상대방의 견해를 수용하여 그쪽 입장에서 생각하고 파악하는 능력을 말한다. 말하자면 수용력과 표현력, 두 가지 언어의 소통 능력 중에 수용력에 해당한다. 작가의 글을 읽는다면 작가의 입장에서 생각하는 것이다. 소설이라면 등장인물의 입장에서 생각하는 능력이다.

추리력은 주어진 몇몇 단서를 가지고 다른 사실을 미루어 짐작하는 능력이다. 말하자면 사고思考를 현장이라는 범위를 넘어서 합리적으로 연장시키는 능력이다.

상대의 입장에 잘 이입이 되는 감수성이 예민한 사람, 경우 있게 사리분별을 하며 상대의 말을 잘 경청하는 사람, 집중력이 좋아 몰입이 잘 되는 사람은 이해력이 좋다.

반면에 자기 주관, 자기 고집이 강한 사람, 주의가 산만하고 경청할 줄 모르는 사람, 정서적으로 자기 연민이 강한 사람이라면 소통 관계에서 수용력이 떨어진다.

어떻게 하면 이해력/추리력을 키울 수 있을까?

책을 많이 읽는 아이가 이해력이 좋은 건 사실이다. 하지만 보다 효과적인 방법은 책을 읽을 때마다 작가의 입장을 부모와 이야기하는 시간을 갖는 것이다.

가령 시를 읽었으면 작가가 생각하는 시상을 두루 이야기하면서 작가가 지은 다른 시들 속에서도 유사한 방식의 개념이 있는지 살펴보는 것이다.

소설을 읽는다면 등장인물들의 각기 다른 입장을 바꿔가며 생각하고 이야기해 본다.

이해력에는 정답이 있지 않다. 다양한 각도의 사고를 통해 다양한 견해가 쏟아진다. 다만 작가가 의도하는 깊이와 폭을 따라가려는 것이다. 그러려면 비평가들의 비평을 참고로 작가의 다른 작품들도 읽어 보아야 한다. 생각이란 담는 그릇에 따라 이래저래 달라질 수 있다. 동일 작가의 여러 작품을 읽으면 작가의 생각이 이리저리 다른 모습을 볼 수 있지만 뭔가 공통된 사상과 맥락을 엿볼 수 있다.

여러 책을 읽다보면 구성력이 좋은 문장을 만난다. 이런 문장을 포맷으로 삼아 단어를 바꿔서, 쓰고 싶은 문장 만들기 연습을 하면 훌륭한 글쓰기 연습이 된다. 단어만 대입하는 방법부터 시작한다. 표현법을 익히는 연습도 가능하다.

4. 암기력

암기력이란 단기 기억과 장기 기억의 기능을 가지고 오래도록 잊지 않고 활용하는 능력이다.

일반적으로 암기력이 뛰어난 사람이 주목 받지만 창조성과 분별력이 반드시 비례하는 것은 아니다. 암기력은 한번 저장된 것을 오랫동안 사용할 수 있다는 장점이 있다. 많은 평가시험이 '기억력 테스트'라는 한계를 극복하지 못하기 때문에 기억력 좋은 사람이 좋은 평가를 받는 현실이다.

여하튼 암기력은 현실적으로 시험을 보는 학생에게 큰 도움을 준다. 특별히 생물과 역사, 사회, 유기화학, 의학 과목은 암기력의 역할이 지대하다. 그러면 암기력을 키울 수 있는 방법은 없을까?

① 주문spell을 만든다. 생물 과목에서 암기해야 하는 키워드의 앞자만 따서 주문을 만든다. 하지만 만든 주문을 잊으면 헛수고가 된다. 잊혀지지 않는 주문을 만들기 위해서는 재미있고 우스꽝스런 주문을 만든다. 자기 물건 중에 연상이 잘 되는 이름으로 만드는 것도 팁이다. 말이 안 되는 얼토당토한 주문은 만들 땐 재밌지만 나도 모르게 잊어버린다.

에릭슨의 사회발달 8단계를 주문으로 만들면,
산(신뢰성)자(자율성) 주(주도성)근(근면성)자 절(정체성)친(친밀성) 샘(생산성)통(통합성)
호시탐탐 파트라슈(게임용어인데 손목뼈 이름 외울 때 사용한다.)

② 이미지로 만들어 기억한다. 생물 과목에서 인체 상반신을 간단히 그려놓고 장기들에게서 분비되는 호르몬을 만화 그리듯

그리고 사진 찍듯 눈으로 찍어둔다. 남이 그려준 것은 잘 기억나지 않지만 자기 손으로 수고해서 그린 이미지는 기억이 잘 난다. 특히 그림으로 그릴 때 입으로 말하면서 그리면 더 효과적이다.

③ 이미지로 기억하는 또 다른 방법은 아이콘을 만드는 것이다. 그리고 여러 개의 아이콘을 연상이 잘 되도록 의미있게 연결시켜 외운다. 시각적인 아이콘은 단어나 문장보다 더 잘 기억나는 효과가 있다.

④ 암기하려는 용어들을 자기 방 물건들과 연결시킨다. 자기 방에는 자기만의 특별한 소유물로 꽉 차 있다. 서랍을 열기만 해도 내게 익숙한 물건들이 기억날 것이다. 거기에 외우고 싶은 키워드를 대응시키고 암기한다. 암기 내용이 많다면 그 방과 연결된 또 다른 방을 만들면 된다. 특이하고 재미난 방 여러 개를 만들어 보라.

⑤ 숫자를 외우는 방식이다. 영어권 전화기에는 숫자마다 알파벳이 표시되어 있다. 그래서 단어를 만들면 자연스럽게 숫자를 외우게 된다. 한글에는 적용하기 어렵지만 간단한 영어단어로 만드는 법을 익히면 곧잘 할 수 있다.

또 숫자에 알파벳을 대응시켜 단어를 만들고 기억해 둔다. 아니면 숫자에 한글 자음을 대응시켜 단어를 만들 수 있다. 자기만의 기억법을 만들어 보라.

⑥ 사람 이름 외우는 법이다. 비슷한 발음에 재미있는 말을 연상시키면 잊혀지지 않는다. 게다가 연도까지 외우려면 숫자를 우리말과 영어로 바꿔서 기억한다. 3.1운동 '아이구아이구' 하면 '1919년'을 말하는 것과 같다.

타고난 암기력을 부러워 하지 말라. 그들도 적어도 한 번은 책과 노트 전체를 봐야만 한다. 다만 노력을 적게 들일 뿐이다. 노력하는 것을 귀찮아 하지 말라. 노력에는 보상이 따른다. 노력을 하면 할수록 암기력은 더 향상될 뿐만 아니라 집중력이 좋아진다. 모든 일에 성실한 태도가 나타난다. 우리는 이렇게 부단한 노력 끝에 존경 받는 위인들을 적잖게 찾을 수 있다.

5. 투지력

카이스트에 들어간 형의 말이다.
"학교에 갔더니 정말 똑똑한 아이들이 많더라고요."
그런데 똑똑한 아이들 중에는 두 가지 부류가 있다. 하나는 정말 암기력이 뛰어난 아이들이다. 타고난 것 같다. 시험 전에 얼마 공부하지도 않은 것 같은 데 성적이 잘 나온다.
그런데 또 한 부류가 있다. '태도가 좋은' 학생이다. 형은 '태도가 좋은' 학생에 속하는 것 같다고 말한다.

머리가 좋고 암기력이 뛰어난 아이는 특성화되어서 자기가 잘하는 과목은 정말 잘하기 때문에 그런 과목만 선택한다. 편식하는 것이다.

반면에 '태도가 좋은' 학생은 자기가 좋아하지 않은 과목도 꾸준히 하면서 잘하는 과목으로 만든다는 것이다. 결과적으로 '태도가 좋은' 학생은 싫어하는 과목까지 폭넓게 잘하게 되면서 더 실력있는 학생이 된다는 것.

문제집을 풀기 시작했으면 앞에 몇 단원만 달랑 풀고 끝내기 일쑤다. 그러나 끝까지 다 푼 아이가 실력이 붙는다. 우리 교육은 투지를 자랑한다. 투지력을 능력으로 내세우는 것은 그 아이의 폭을 넓히기 위함이다. 탁월하다고 한 분야만 집중해서 폭을 좁히면 나중에 넓힐 기회가 좀처럼 주어지지 않는다.

성장기에는 폭을 넓히는 것이 중요하다. 자기 관심사가 아니더라도, 좋아하는 분야가 아니더라도 투지라는 태도가 성장의 폭을 넓힌다.

어떤 일을 시작했으면 투지를 가지고 끝까지 완수하는 것을 우리는 가치 있게 여겼다.

조금 시간이 걸려도 끝까지 그림을 완성하는 아이,

한번 일기를 쓰기 시작했으면 몇 번 빠지는 날이 있어도 여러 해 꾸준히 쓰는 아이,

한번 부탁한 일은 책임감있게 꾸준히 일을 끝내는 아이,

장난감을 자기가 풀어서 놀았으면 끝에도 말끔히 정리해 놓는 아이,
한번 인터넷 강의를 신청했으면 끝까지 완수하는 아이,
한번 붙잡고 풀기 시작한 문제는 끝까지 풀어내는 아이.
이런 사람이 무섭게 실력이 쌓인다.

책임감은 투지를 보면 알 수 있다.
한번 약속한 것은 끝까지 지키는 것,
자기가 스스로 꺼낸 말을 책임성 있게 지키는 것.
우리의 교육은 이렇게 스스로 꺼낸 말과 약속으로 이루어져 있다. 하지만 지키지 않으면 그만이다. 홈스쿨에 발전이 없다고 말하는 경우는 이 때문이다. 언제나 무책임과 방심과 변덕의 위험이 도사리고 있다.
투지가 약한 아이들은 중간에 발전이 없어 낙담하거나 옆길로 빠지는 경우가 허다하다. 변덕스러운 우리 인생에서 투지력보다 더 활용가치가 큰 것이 또 어디 있을까?

아무도 투지가 있는 사람을 이기지 못한다.
책임감 강한 사람이 거둬들이는 수확을 아무도 따라잡을 수 없다.
반면에 변덕스러운 사람이 실패하는 데에는 언제나 수천 가지 이유가 있다.

무책임한 사람은 언제나 자기만 수확이 없다고 말하면서 그 이유를 알지 못한다.

제3부 하루하루 자라서 무서운 나무가 된다

제 III 부
하루하루 자라서 무성한 나무가 된다

제 13 장
구석에서 생각하라

　세 살부터 어린 아이는 언제나 엄마의 약한 감정의 틈새를 노리며 자기 쪽으로 기울이고 싶어 엄마의 권능을 흔들어 놓는다. 과도하게 울거나 응석을 부리면서 엄마의 고집이 꺾이나 살핀다. 대개 마음 약한 엄마의 일관성은 아이들의 욕구 앞에 주저앉고 만다. "오냐, 그래" 하며 아이가 원하는 대로 끌려 가곤 한다. 그렇게 해서 자녀 교육이 무색해진다.

　한번은 우리 가족이 살던 공동체에서 아빠가 한 주간 식탁 당번을 한 적이 있다. 식사 시간에 활발하게 움직이며 번잡스럽게 만드는 다섯 살짜리 남자 아이가 눈에 띄였다. 누구도 다루기 힘들어 하는 아이였다. 마침 아빠가 식탁 당번이었기에 그 시간에 책임과 권위는 아빠에게 있었다. 드디어 그 꼬마가 일을 저질렀다.

식당으로 사용하는 예배실을 뛰어다니는 것은 둘째 치고 옆에서 가만히 밥을 먹고 있는 다른 아이의 얼굴을 손톱으로 할퀴어 상처를 낸 것이다. 아빠는 그 아이 엄마에게 양해를 구하고 공동체 식사 예절에 대한 교육을 시키기로 마음 먹었다. 식사 시간에 돌아다니면 안 된다는 원칙을 일러주기 위한 것이다. 또 다른 아이 얼굴에 상처를 낸 문제도 해결해야 했다.

아빠는 예배실을 돌며 요리조리 도망가는 그 아이를 맹렬히 추격하였다. 추격 끝에 드디어 그 아이를 번쩍 들어 예배실 한쪽 구석에 있는 예배 준비실 안에 세워놓는 데 성공했다. 무엇을 잘못했는지 생각해 보고 어떻게 해결하겠는지 자기 입으로 책임있는 말을 할 때까지 문턱을 넘을 수 없다고 말하였다. 야단을 치거나 화를 낸 것이 아니다.

구석에서 생각하는 시간thinking corner을 갖도록 한 것이다.

그 아이는 얼마나 서럽게 소리치며 울었는지 모른다. 엄마가 꺼내주길 바라는 울음이었다. 그렇게 말 안 듣기로 소문난 꼬마도 아빠가 언어로 그어놓은 문턱 선을 감히 넘지 못했다. 문이 열려 있었는데도 말이다. 식사 당번의 권위를 인식한 모양이다.

어렵사리 교육에 들어가는 중이었는데 그만 예기치 않은 사태가 발생했다.

아기의 울음소리를 견디지 못하는 다른 애기 아빠가 가더니 그 아이를 안고 나오는 것이었다. 아빠는 그 아저씨에게 가서 '이 아이는 교육 중'이라고 정중히 말하고는 다시 그 아이를 안아다 구석에 세워 놓았다. 그리고 직접 자기 잘못을 인정하고 사과하기 전까지 나올 수 없다고 말하였다. 그 일은 식사시간 끝까지 계속 되었다. 마침내 그 아이는 사과도 하고 자기 잘못을 인정한 후에 비로소 해결되었다.

그 다음 어떻게 되었을까? 그 아이는 아빠만 보면 무서워서 도망쳤을까?

아니다.

아빠를 볼 때마다 자신의 존재를 인식시키기라도 하듯 아빠에게 달려와서 바지를 잡아당기며 꼬박꼬박 인사를 하였다. 아빠의 끈질긴 태도 덕분에 아주 고분고분한 아이가 되었다. 식사 시간이나 예배 시간에 돌아다니며 떠들지 않은 것은 물론이고 다른 이모 말도 잘 듣게 되었다.

그 사건을 통해 때리지 않고 키우는 우리 집 가정 교육이 공동체 식구들 사이에 유명해졌다. 그러지 않아도 궁금하던 차에 '구석에서 생각하기' 교육을 현장에서 본 것이다. 모종의 시사회가 되었다.

'구석에서 생각하기' 교육은 때리거나 야단치지 않는다. 아이 스스로 생각하고 말하도록 하는 훈련이다. 자기 입으로 말함으로써 신실함과 책임감을 가지고 스스로 지키도록 하는 것이다. 만일 지키지 않는다면 여지없이 다시 구석에 들어간다. 어떻게 해결할 것인지 생각해야 한다.

❖ 구석에서 생각하기thinking corner 훈련

2-3살부터 연년생인 우리 형제는 일찍부터 구석에서 생각하는 훈련을 시작했다.

아기가 말 배우기를 시작할 때부터 '생각하기' 훈련이 시작된 것이다.

형과 아우가 가장 많이 토닥거리고 불만이 쌓이고 싸우기 쉬운 시기이다. 자기 욕구가 커지면 부딪친다. 형과 아우의 경계선이 허술해도 부딪친다. 그래서 둘 사이의 관계 설정이 중요하다. 두 형제 모두 이해와 욕구 조절이 필요하다.

우리 집은 둘 사이에 서로 부딪치거나 한 쪽이 억울한 일이 생기면 곧장 둘 다 정해진 구석에 가서 생각하는 시간을 갖는다. 한 쪽을 두둔하지 않는다.

억울한 아이는 자기의 억울한 사정을 울음이나 화내는 것으로 표현하지 않고 말로 설명하라고 일러준다. 그러면 울음을 진정시키면서 억울한 것을 어떻게 풀 수 있겠는지 구석에 들어가 생각하는 시간을 갖는다.

그리고 부모에게 어떻게 풀겠는지 이야기한다.

물론 억울하게 만든 당사자 역시 구석에 들어가 생각한 다음 이 문제를 어떻게 해결하겠는지 자기 생각을 이야기해야 한다.

상대가 억울했다고 하면 (충분히 이해는 되지 않아도 '수용한다'는 입장에서) '미안하다'고 말하고 용서의 말을 하며 사과를 청한다.

그러면 억울했던 상대는 용서한다고 말하며 사과를 받아들인다. 그리고 이어서 문제가 재발하지 않기 위해 어떻게 노력하겠는지 서로 이야기한다. 서로 조정하는 노력이 필요하다.

구석에 생각하라고 보내는 것은 '벌'이 아니다. '책망'이 아니다. '야단'치는 것도 아니다.

스스로 격앙된 감정을 추스리고 어떻게 선하게 좋은 방향으로 해결할 수 있을지 생각해 보라는 것이다.

구석에서 생각할 때에는 정답을 맞추는 것이 아니다. 자기 표현을 하는 것이다. 자기 사정을 이야기하고 자기가 어떻게 해결하겠는지 이야기하는 것이다.

남탓을 하거나 비난하거나 남 이야기만 하면 다시 생각해 보라고 구석으로 돌려 보낸다. 남 이야기만 하면 다툼은 해결되지 않는다. 경쟁적인 아이라면 더욱 심하다. 자기 이야기만 해야 문제가 해결된다.

   자기가 당한 이야기, 자기가 행동한 이야기만 하는 것이다. 그러면 문제가 풀린다. (그렇지 않고 비난한다면 문제가 해결되지 않는다. 문제를 전가시켜 나쁜 감정을 증폭시킬 뿐이다.)

   자기 억울함을 풀지 않고 오래 구석에서 버티는 경우도 있다. 그때 부모는 빨리 수습하기 위해 서두르지 않는다. 너무 억울해서 자기 감정을 식히기까지 시간이 필요하다. 부모의 역할은 그 아이의 감정을 그대로 인정해 주는 것이다. "그것도 못 참냐?" 하며 보채지 않는다.

"너 많이 억울하구나."
"감정이 많이 상했네."
"그럴 땐 힘들지."

   감정은 이해해주고 받아주는 사람이 있으면 금방 수습이 된다. 소통이 되면 감정 찌꺼기는 남김없이 사라진다. 감정은 공감이 되고 흡수되면 사라진다. 아무리 감정적인 아이도 '구석에서 생각하기' 훈련을 통해 자기 감정을 조절할 수 있다.

   생각하기 훈련은 자기 욕구를 조절하는 훈련이기도 하다. 관계를 조정하기 위한 방법이기도 하지만 자기 감정을 조절하는 홀륭한 교육이다.

생각한다는 것은 이성적인 사고를 통과하도록 훈련함으로써 충동적인 감정을 조절하는 것이다.

화가 난다거나 속상하다거나 울적하다거나 자기 감정에 못이겨 분이 풀리지 않을 때 혼자 생각하는 시간이 중요하다. 일을 좋게 만드는 방향으로 감정을 순화시키고 싶을 때 '생각하기' 훈련은 효과적이다.

아이들의 욕구는 충동적인 경우가 많다. 눈에 띄는 대로 먹고 싶고, 갖고 싶고, 놀고 싶어 한다. 그래서 마트에 가서도 우리는 구석에 들어가 생각하는 시간을 가진 적이 있다.

장난감을 살 때인지 아닌지, 먹을 때인지 아닌지, 필요한 것인지 아닌지 생각해 보고 이야기해야 한다.

물론 매정한 부모가 아닌 다음에야 아이가 좋아하는 것을 기억해 두고 있다가 기념일에 축하 선물로 선사하기도 한다.

이래저래 채울 수 있는 방법과 길way이 있다. 그런데 당장 해내라고 떼를 쓰거나 응석을 부린다면 부모는 곧장 훈련에 들어간다. 떼를 써서 일단 허용이 되었다면 아이는 '떼'가 길이요 '응석'이 진리요 '앙탈'이 생명이 될 것이다. 부모는 거기에 길을 열어주지 않는다. 정말 원한다면 자기가 진심으로 왜 원하는지 말로 설득할 수 있어야 한다.

거래나 흥정을 걸어오면 부모는 듣지 않는다. '회유'라는 차원의 조정 기술을 쓰기 때문이다. 부모는 아이를 회유해서 부모의 뜻을 이루고자 상품을 걸고 아이를 조정하지 않는다. 게임기와 휴대폰과 근사한 파티와 외식 따위가 거래 품록에 올라가 본 적이 없다.

일반적으로 조정술은 부모로부터 배운다. 부모로부터 학습했기 때문에 거래와 흥정이 오고 간다. 여기에도 길을 열어주지 말라. 길은 오직 진심(진리)이어야만 한다. 본인이 꼭 필요할 때 요청하는 분별력이 중요하다.

우리 형제들은 휴대폰을 대학 들어간 다음에 개통하였다. 그 전에 필요하다면 다른 방식으로 해결하였다. 부모 휴대폰을 빌리든, 연락이 닿는 곳에 대기하든, 약속장소를 정하고 만나든 하였다. 우리에겐 그다지 필요치 않았다.

욕구가 크지 않았다. 욕구가 커지는 데에는 환경이 주로 영향을 미치는데 다행히 우리 홈스쿨 학생은 둘밖에 없었다. 외부 문화가 끼어들 틈이 없는 것이다. 학교라면 휴대폰, 노트북, 게임기, 이어폰, 운동화, 가방, 악세사리 등 아마도 아이들의 욕구에 직접적인 영향을 미치는 모든 것들이 유행을 빌미로 가정 안으로 쳐들어올 것이다.

우리 집에서는 그런 실랑이가 없었다.

'생각하기' 훈련은 성공적이었다. 형과 아우 사이에 싸움 한번 없었다. 지금도 홈스쿨 덕분에 서로 더 충실한 관계가 되었다. 형제 관계를 뛰어넘어 동역자라고 생각한다.

관계 훈련은 성공적이었다. 부모는 우리들을 때려서 키우지 않았다. 우리들은 말을 잘 들었다. 그래서 우리 집에는 큰 소리가 난 적이 없다. 나중에 우리 형제들이 청소년 캠프에 참여하여 멘토링을 할 때에도 소리지르지 않고 아이들 다루는 법을 잘 알고 있다. 소리치지 않고 통솔하는 리더십을 발휘한 것이다.

스스로 생각하기 훈육은 성공적이었다. 우리들은 성장한 다음에도 즉각적으로 생각을 바꾸고 상대방을 잘 경청한다. 분별력 있게 요구하고 꼭 필요한 것이라면 진심을 담아 이야기한다.

어린 시절의 자율성 교육이 성공적이었다. 까탈이나 떼를 부리지 않고 원망이나 짜증을 내지 않는다. 자기 분량, 자기 분수에 알맞는 것을 선택한다. 현재 필요한 걸 챙긴다. 필요치 않은데 혹시나 하면서 더 챙기지 않는다. 욕구를 조절하는 훈련이 성공적이었다.

❖ '구식에서 생각하기' 훈련에 때 늦었다는 것은 없다.

3살 때 시작했으면 미운 7살 때 편하다.
7살에 시작했으면 11살 사춘기 진입이 편해진다.
11살에 한다면 15살 한창 또래 집단의 영향을 받을 때 편하다.

15살에라도 시작한다면 19살 자기 진로를 놓고 방황할 때 편하다.

19살 집에 붙어 있지 않으려 할 때 (힘들겠지만) '생각해 보고 행동하기' 시간을 갖는다면 (성인이 되어서는 훈련이라기보다 스스로 생각하는 시간이란 표현이 맞다. 자기 성찰의 시간을 갖는다.) 20대의 목적을 깨닫고 인생의 방향을 잡을 수 있다.

30, 40대 생각하기 훈련을 한다면 인생의 기로에서 걱정 근심이 쌓일 때 보다 빠르게 슬럼프를 지나갈 수 있다.

❖ '구석에서 생각하기'란 자기 반성하는 시간이다.

자기 반성이란 자신의 과오와 과거의 실패로부터 교훈을 추출하고 되새기는 것을 말한다.

어린 시절이나 결혼 전의 과오가 반복되지는 않는가?
거듭되는 실수의 패턴이 있지 않은가?
경제적인 실패나 채무가 반복되지 않는가?
미루는 습관이 반복되지 않는가?
늦는 버릇이 남아있지 않은가?
부모들 사이에 서로 갈등이 있다면 깊이 생각하는 반성의 시간을 가져 본다.

반성적 사고는 문제가 생기면 망설이지 않고 신속하게 고칠 수 있도록 도와준다. 실수를 반복하지 않도록 돕는 사고습관이다. 발전적인 사람이 된다. 반성적 사고를 하는 사람은 상대의 말을 잘 경청하고 그 말을 그대로 수용한다. 깊이 생각하며 움직이는 신중한 사람이 된다.

❖ '구석에서 생각하기'란 영적인 가치를 생각하는 조용한 시간이다.

가장 가치 있는 일이 무엇인지, 일의 본질이 무엇인지, 목적이 무엇인지 생각하는 시간을 말한다.

인간관계의 의미는 무엇인지,
무엇이 중요한지 생각하는 것이다.
앞으로 무엇을 하는 것이 좋은지,
보다 긍정적인 게 무엇인지,
무엇이 보람찬 일인지,
존경 받을 만한 일은 무엇인지,
의미 있는 일은 무엇인지,
무엇이 건설적인지,
무엇이 떳떳한 일인지,
무엇이 사랑인지….
이와 같은 가치를 생각할 때 삶을 의미있게 만들 수 있다.

❖ '구석에서 생각하기'란 심각하게 생각하지 않고 경쾌하게 넘기는 연습을 하는 시간이다.

배구를 해본 적이 있는가? 잘 넘기기만 해도 우승한다. 토스toss 하는 법을 배울 필요가 있다. 언제나 공을 내가 받아야 하는 것은 아니다.

하늘에 맡기는 것도 지혜롭다.
감당할 만한 사람에게 넘기는 것도 지혜롭다.
상담자와 이야기하는 것도 좋다.
너무 오래 공을 안고 끙끙대지 말라. 경쾌하게 토스해 보라.
감정도 토스하는 것이다. 앙심을 오래 품지 말라. 몸이 상한다.
감정을 토스하는 한 가지 방법은 용서하는 것이다.
털어놓고 이야기하는 것도 감정을 토스하는 법이다.
우울한 감정을 토스해 보라.

❖ '구석에서 생각하기'란 감정을 추스리는 시간이다.

갈등 상황에서 감정이 상하기 시작하면 우리 두뇌 중에 감정의 뇌(번연계)가 대뇌 전체를 장악하여 대뇌피질 속에 박혀있는 '파괴적인 메시지들'을 귓속 이어폰처럼 연달아 쏘아댄다. '이제 남은 건 파괴적 상황뿐'이라는 파괴적인 메시지들이 저항할 틈없이 연신 떠오른다. 그러면 불길한 전조를 뿌리며 무방비상태에 있는 내 자신의 시야를 좁혀 놓는다. 그리하여 파괴 외에는 더 이상 선택할 여지도 없게 만든다. 건설적인 생각은 고사하고 한숨 돌릴 여유조차 없어진다.

감정은 극단적인 생각까지 하게 만든다. 그래서 한번 부정적인 생각이 들어오면 연이어 불길한 예감을 동반하여 더 부정적인 생각이 쳐들어온다. 어느새 갈등의 불은 걷잡을 수 없을 정도로 커지고, 내 주변을 온통 시커멓게 만들 거라는 믿음이 생긴다. 이와 같은 부정적인 내면의 대화는 멈출 줄 모른다.

이때 '구석에 들어가 생각하는 시간을 가지라'

갈등은 사소한 것에 집중할 때 흔히 발생한다. 목적과 가치가 분명한 사람은 사소한 일을 쉽게 털어낸다.

갈등이 불거질 거라고 믿지 말라. 문제는 언제나 해결 가능하고 갈수록 사그라진다고 믿으라.

그리고 다음 같이 감정을 추스려 보라.

호흡을 가다듬고 1분 안에 자기 감정을 바꾸라. 더 나아가 가능하다면 10초 안에 자기 감정을 바꿔보라.

감정이 자기를 불 태워버린다. 감정에 자신을 소모시키지 말라. 이것이 지혜롭다.

감정을 조절해 보라. 감정의 에너지를 더 긍정적인 데 사용하도록 바꿔보라.

감정의 노예가 되지 말고 감정을 나귀처럼 잘 부려보라.
내가 행복해지기 위해 1분 안에 감정을 바꿔보라. 더 나아가 10초 안에 감정을 바꿔보라.
그러면 더 빨리 행복감이 찾아온다. 행복을 위해 뜸들이지 말자.
나는 행복한 사람이 되기로 결정했다.

❖ '구석에서 생각하기'란 아픈 마음을 치유하는 시간이다.

나의 아픈 부분부터 생각을 시작한다. 상대방이 어떻게 했을 때 내 마음이 아팠는지, 무엇이 상처가 되었는지 조심스럽게 꺼내본다. 내 감정, 내 화를 돋군 것이 무엇인지, 그곳을 건드린 상대방의 말이 생각나면 그대로 용서해 보자.
용서의 언어는 아픈 데를 감싸는 효과가 있다.
'나는 이런 말에 아팠어'라고 내 감정에 솔직해지는 것이다. 그리고 이런 나를 몰라준 상대를 용서하는 것이다.
용서한다는 말은 내 마음 속에 묶고 있던 상대를 풀어준다는 뜻이다.

그러나 용서한다고 곧 화해한다는 말이 아니다. 화해란 상호적인 변화를 말한다. 나도 바꾸고 상대방도 바뀔 때 성립한다. 따라서 화해하기까지 시간이 필요하다.

그러나 용서는 내가 일방적으로 할 수 있다. 나를 바꾸는 것은 내가 할 수 있다. 하지만 상대방은 내가 변화시킬 수 없다. 용서는 내가 먼저 나를 바꾸겠다는 것이다.

진정한 '자유'는 복수를 사랑으로, 상처를 용서로 바꾸는 것이다. 궁극적으로 문제를 선하게 해결하는 데 자유를 사용하면 관계가 진실해진다. 서로에게 얽힌 복잡한 감정(애증관계)으로부터 자유로워진다. 그런 다음 비로소 자원하는 마음으로 베풀 줄도 알고 양보할 줄도 아는 여유가 생긴다.

문제가 생겼는데도 불구하고 보다 나은 관계로 발전할 수 있을까? 선한 힘이 작동하면 가능하다. 그에 대한 믿음을 가지면 문제가 도리어 기회가 될 수 있다. 물론 문제가 생기기 전에 미리 예방할 수 있다면 좋다. 하지만 문제가 이미 발생했다면, 생기기 전보다 더 좋은 상태로 만들 수 있다는 희망을 가져 보라. 그리고 일을 좋게 만드는 선한 방향으로 자유를 사용해 보라. 그러면 보상이 따른다. 게다가 교훈까지 받는다. 선한 데 자유를 사용하면 말이다.

❖ '구석에서 생각하기'란 자책과 자기 연민에서 벗어나게 하는 시간이다.

감정적인 아이를 야단이나 책망, 비난, 손찌검을 하면 자아상에 '수치심'을 남기고 열등감이라는 상처를 준다. 자기 비하에 빠지거나 자기 책망, 자기 처벌까지도 불사하게 한다. 자기 자신을 초라하게 느끼는 사람으로 만드는 것이다.

그러나 말로써 잘못을 깨닫게 하거나 스스로 문제를 해결할 수 있도록 도와줄 때에는 아이에게 수치심이 남지 않는다.

한편 속상한 것이나 억울함을 빨리 풀지 못하고 오래 가는 사람은 신속하게 감정 전환하는 법을 알지 못한다. 빨리 전환해야 자기도 편하고 문제도 해결할 수 있는데 그 앙금이 오래 간다. 꼭 붙잡고 있기 때문이다.

이것을 '자기 연민'이라 한다.

상처를 꼭 붙들고 자기를 불쌍히 여기는 마음을 놓지 않는다.

한 번 실수한 것을 가지고 오래도록 속상해 한다.

자신을 풀어주지 않고 '불행해도 싸다'고 하는 자기 처벌의 성향을 갖는다.

자기에게 자유를 주지 않는 사람,

자기를 빨리 용서하지 않는 사람,

자기에게 너그럽지 않은 사람,

이런 사람은 '구석에서 생각하기' 훈련이 효과적이다.

구석에 들어가 자기를 풀어주는 시간을 갖는 것이다.

다시 말해 자기를 용서하는 것이다.

자기 실수, 자기의 못난 점 등 자신의 열등함을 용서하고 용납하는 것이다.

'구석에서 생각하기' 훈련을 할 때 우리 집에서는 이렇게 했다.

⊙ 개방적인 공간의 구석을 찾아 세워둔다.

물론 빈의자에 앉는 방법도 있는데 우리는 구석에 세워두는 방법을 선호한다. (앉아 있으면 편한 나머지 오래 있을 수 있다. 서 있으면 서둘러 생각하고 좋은 해결책을 빨리 찾는다. 서 있으면 5-10분 이상 가지 않는다.)
타임아웃time-out이 아니다.
빈방에 두고 문을 닫거나 구석에 세워두고 부모가 집을 나가는 일은 없다.
구석에 세워둔 다음 부모는 그 뒤에서 자기 할 일을 하면서 아이가 원한다면 언제나 대화할 준비를 하고 있어야 한다.
구석에서 생각하는 훈련은 '대화'가 목적이다. '대화'하기 위해 아이 스스로 책임질 수 있는 말, 자기 표현을 하도록 생각하는 시간을 갖는 것이다.

⊙ 구석에서 생각할 때 부모가 답을 유도하거나 정답을 말해주는 경우가 있다.

틀림없이 실패한다.
그것은 부모의 조바심이다. 아이 스스로 해결책을 이야기해야 그 말에 책임도 진다. 그렇지 않고 부모가 해 준 정답에 수긍만 하는 것으로 끝난다면 아이는 책임지지 않는다.

답을 유도하는 것도 좋은 방법은 아니다. 다만 너무 어린 나이 (3, 4살)라면 말이 짧아 엄마가 대답을 유도할 수 있다. 그렇다고 "예 아니오"로 대답하게끔 하지 말라. 내용이 들어가고 어떻게 하겠다는 본인 다짐이 있어야 한다.

어떻게 장난감을 나눠 놀겠다든지, 장난감을 먼저 집은 사람에게 우선순위를 두겠다든지 아니면 서로에게 필요한 장난감을 맞교환해서 놀겠다든지 등등. 서로 공평한 방법을 찾아 결론을 내린다.

부모가 이러니저러니 간섭하지 않는다. 추천이나 제안을 하는 정도여야 한다. 물론 한쪽이 인정을 베풀 수 있다. 한쪽이 양보할 수 있다. 한쪽이 희생할 수도 있다. 단 자발적이어야 한다.

형이니까 양보하라는 등, 동생이니까 형이 먼저라는 등, 너는 착하니까 더 베풀어야 한다는 등, 넌 지난 번에 했으니까 하면서 순번을 따지는 등, 부모가 당위성을 들고 끼어들지 않는다.

아이들 스스로 조정할 필요가 있다. 이래서 문제 해결 능력을 키운다.

어른의 개입이 필요한 상황은, 보다 넓은 시각에서 우려할 만한 상황이 예상될 때 '다시 생각해 보라'고 아이들을 구석에 돌려보내는 정도의 권위 사용뿐이다. 아이들 수준에서는 한 치 앞밖에 보지 못한다. 그래서 미흡한 결정, 문제가 야기될 수 있는 부족한 결정을 하기도 한다. 그때에만 어른(지도자)이 필요하다.

⊙ 구석에서 생각할 때 오래 서 있는다고 (서 있을 때 온 동네 들으라고 더 서럽게 우는 아이가 있다) 아이를 꺼내 오지 말라.

틀림없이 실패한다.
엄마가 구석에 세웠으면 우는 아이를 힘들어 하는 아빠가 아이를 꺼내올 수 있다. 그러면 정중히 "이건 교육"이라고 부탁하고 다시 시작하라. (그럴 땐 아빠도 구석 가서 생각해 봐야 한다. 참견했으니까.) 아빠가 아이를 세워두었으면 할머니가 꺼내올 수 있다. 그러면 할머니 자식은 아빠지만 이 아이는 아빠 자식이라며 교육의 경계선을 분명히 해야 한다. (흔히 할머니와 함께 사는 집에서 아이들 교육이 쉽지 않다. 그래서 교육원칙과 경계선 구분이 중요하다. 물론 할머니는 구석에 가실 필요가 없다. 할머니는 변화될 필요를 느끼지 않으실 것이다. 살아계신 것만으로 감사하다.)

⊙ 구석에 서 있는다고 오래 가지 않는다.

가장 길었던 경험은 15분이다. 그것도 우리 아이가 아니라 (학부모 허락 받고 권한이 주어졌을 때) 식사시간에 말썽 부리는 5살 아이를 교육시킬 때였다. 흔히 5분을 넘기지 않는다. 그것도 갈수록 줄어든다. 우리 형제는 6살 이후부터 구석으로 가는 도중에 생각을 바꾼다.

감정을 빨리 조절하는 사람이 행복하다.

부모를 위해 조절하는 것이 아니다. 어릴 적에는 부모 때문에 훈련 받는 것처럼 보여도 자신의 행복을 위한 교육이다. 욕구를 빨리 조절하는 사람이 행복한 것이다.

다 큰 다음, 우리들은 구석에 갈 필요도 없었다. 금방 생각해 보고 합리적이고 분수에 맞는 결정을 한다. 분별하는 데 시간이 그렇게 걸리지 않는다.

⊙ 아이의 짜증이 시작되거나 앙탈을 부리기 시작할 때 바로 구석에 보내라.

현장에서 잡아라(교육시키라!). 때와 장소가 맞지 않으니 집에서 가서 보자는 등 현장을 벗어나면 효과가 떨어진다. 구석은 어디서나 마련할 수 있다.

우리는 자동차 안에서도 구석에 들어가 생각하는 시간을 가진 적이 있다.

차 안에서는 말 없이 차창에 얼굴을 붙이면 그것이 구석이다. 그러고서 생각해 보아야 한다.

수퍼마켓에도 구석이 있다.

에어콘 옆 구석진 곳에 세워두고 엄마는 그 옆에 있었다.

식당에도 구석이 있다.

우리 식탁 모서리에 세워 두면 구석이다. 다른 식구들은 신경 쓰지 않으면 된다.

자기 잘못을 스스로 인정하고 어떻게 고치겠는지 이야기하면 곧 바로 풀려나 아무렇지 않게 식사할 수 있다.

◉ 아이가 생각하고 가지고 온 대답이 부모의 답과 동 떨어졌을 때 아이에게 다시 질문할 수 있다.

"이런 점에서는 어떻게 생각하니?"
"그래도 상대방은 억울한 게 안 풀릴 것 같은데 다시 생각해 보겠니?"

몇 번 구석을 들락날락 해야 하는 경우도 있다. 물론 부모의 답을 맞춰야 하는 것은 아니다. 그 아이와 진심으로 대화하자는 것이 목적이다. 그리고 선하게 해결하기 위한 것이다.

◉ 무책임한 대답을 가지고 오거나 성의 없이 건성으로 말하는 아이는 되돌려 보내라.

그 아이의 마음에 담긴 이야기를 꺼내 와야 이야기가 통한다. 상황을 빨리 모면하고자 하는 영민한 아이는 벌써 정답을 꿰뚫고 있다. 조심해야 하는 것은 정답을 가지고 온 아이의 이면을 보고 역정을 내면 안 된다는 것이다. 정답을 가지고 왔으면 정답대로 그 아이가 책임지고 행동을 하는지 확인하면 된다. 말한 대로 책임있는 행동을 하지 않는다면 여지 없이 구석으로 다시 보내면 된다.

아이의 이중성에 놀라지 말라. 모면하기 위한 미봉책은 성실하게 수행하지 못한다. 애초부터 그럴 마음이 없다는 것이다. 그러면 그때 가서 모면하기 위한 대답이 얼마나 성의 없는 것이었는지 실토할 때까지 세워두면 된다. 몇 번 경험을 하면 다음부터 모면하는 회피성 정답은 꺼내지도 않는다.

진실한 대화만이 통한다는 것을 신실한 부모가 보여주어야 한다. 일관성만 지키면 된다.

제 14 장
칭찬이 사람을 바꾼다

　무엇보다도 형은 동생에게 좋은 선생님이 되었다. 또 형에게 동생은 좋은 친구이기도 하지만 자신이 없는 부분을 배울 수 있는 좋은 선생님이 되었다.
　그래서 지금 형이 하는 말은 "동생이 존경스럽다"고 한다. 그 어려운 의학 공부를 끈기 있게 해내는 모습을 보고서 하는 말이다.
　또 동생도 물론 "형은 정말 잘해. 내가 본 사람 중에서 최고야"라고 칭찬을 아끼지 않는다. 서로 존경하는 모습을 보고서 정말 홈스쿨을 잘했다고 생각하지 않을 수 없다.

언어는 창조적인 힘이 있다. 기적과도 같다. 말만 하는데 행동이 바뀐다. 생각이 바뀐다. 이것을 '창조 언어'라고 한다. '말'message을 듣기 이전에는 생각도 나지 않고 움직이려 하지도 않는데, 어떤 '말'을 듣고 나면 생각이 펼쳐지고 상상이 되고 (말에 의해) 의미가 생기고 활동이 시작된다.

반대로 말에 의해 상처도 받는다. 파괴적인 말이 관계를 깨뜨리고 한 순간 인생을 추락시키기도 한다. '말'이 보이지 않는 세계의 힘을 가지고 타격을 주기 때문이다.

화를 내면 화날 때 했던 말과 욕설 때문에 더 화가 치밀던 적이 있지 않은가. 한번 내뱉은 파괴적인 말은 다시 주어 담기 힘들다. 화를 내지 않는 사람은 없지만 화날 때 '말' 조심하라는 것이 이 때문이다.

'말'을 예쁘게 사용하면 화나는 감정도 조절된다. 말에 의해 야생마 같은 사람도 길들여진다.

'말'로 용서를 하고 '말'로 화해를 가져온다. '말'에는 치유의 힘이 있다.

칭찬이나 긍정적인 말 역시 보이지 않는 세계의 창조적인 힘을 실어 나른다.

생기를 주고 의욕을 일으키며 희망찬 세계로 행진하도록 용기를 준다.

제2차 세계대전 당시 처칠수상의 연설은 절망적인 영국 국민에게 복구의 용기를 일으켰다. 결국 승리로 이끌었다. 동일하게 나찌 히틀러의 선동적인 연설은 제1차대전의 패배감에 짓눌린 독일 국민의 매서운 자존심pride를 자극시켰다. 세계대전을 일으킨 것이다. 인간의 잔인함이 천하를 얼어붙게 만들었다.

이처럼 '말'은 〈보이지 않는 세계〉를 〈보이는 세계〉에 나타낸다. 영적인 힘을 전달하는 것이다. 정신적인 세계의 '가치'를 전달한다. 따라서 가치관 교육은 '말'에 있다. 세계관은 메시지로 전달한다.

칭찬, 찬사라는 말은 본래 '축복'이란 히브리어 〈바라크〉에서 유래되었다. 〈바라크〉는 '무릎을 꿇다'는 뜻이다. 축복은 권위자에게서 받는 최대의 수혜로 그 앞에 무릎을 꿇으면 권위자는 그 사람의 가치를 높이는 언어를 말한다. 권위자로부터 높은 가치의 평가를 받는다. 그것이 축복이다.

거꾸로 내가 권위자를 축복할 순 없을까? 그것을 '경배'라고 한다. 권위자의 가치를 높게 평가하는 것이다. 그래서 신을 축복한다는 말이 '경배' '예배'가 된다. 이것은 '찬양한다'는 말과도 통한다. 다시 말해 '찬양한다'는 것은 신을 축복한다는 뜻이다. 신의 능력을 찬양하고 신의 성품의 가치를 높인다.

그래서 진심으로 찬양을 하는 사람은 그 입으로 저주와 욕설, 비방을 하지 않는다. 한 입에서 쓴 물과 단 물, 상반된 두 가지가 나올 수 없기 때문이다. 찬양의 언어를 사용하는 사람은 칭찬할 때 자연스럽게 그 언어를 사용할 수 있다. 찬양에 익숙한 사람이 칭찬을 잘 한다는 말이다.

축복은 '말'만 할 뿐이다. 그런데 그것이 힘을 갖는다. 왕의 명령과 같다. 보이지 않는 세계의 힘을 가져다 쓰는 것이다. 그것을 영적 권세, 영적 능력이라 한다. 신을 높이는 언어가 찬양인 것처럼 사람을 축복하는 칭찬 언어 역시 영적 세계의 힘을 표현한다.

신을 찬양하면 영적인 세계에서는 그 신의 영광과 범위가 더 넓어진다고 믿는다.

마찬가지로 사람을 축복하면 그 사람의 가치와 범위가 더 넓어진다고 볼 수 있다. 다시 말해 축복은 그 사람의 번영과 성장을 가져오는 것이다. 칭찬이 바로 그런 것이다. 영적인 이야기에 빗대어 칭찬 이야기를 꺼냈지만 동일한 원리와 개념을 갖는다는 것을 이해하였으리라.

자율적인 행동이 가능할 때 비로소 그 행위에 대해 칭찬이나 비난을 할 수 있다. 보상과 처벌도 가능하다. 즉 도덕적 평가를 할 수 있다는 말이다. 자율성 교육은 도덕적인 인간으로 성장하기 위한 교육이다. 진리가 통하는 사람, 진리에 이르는 사람이 도덕적인 인간이다.

칸트는 말한다.

"점점 더 새롭고 점점 더 큰 경탄과 외경으로 마음을 채우는 두 가지 것이 있다. 그것은 내 위의 별이 빛나는 하늘과 내 안의 도덕 법칙이다."

내 안의 자율성이 곧 하늘의 이치와 조화를 이루며 신비와 경탄을 이룬다는 뜻이겠다. 누가 뭐라지 않아도 내가 나를 움직일 수 있는 자율적인 도덕률이 하늘의 별처럼 살겠끔 만든다는 말이다.

그런데 이와 같은 자발성 교육이 까다롭지만은 않다. 작은 일에서부터 칭찬하기 시작하는 것이다. 그러면 기대치 않은 효과가 나타난다.

칭찬이란 입발림이나 꾸밈말, 비위 맞추기가 아니다. 마음에서 우러나는 찬사와 격려와 공감을 표현하는 것이다.

칭찬의 효과를 들어본 적이 있는가?

간단한 언어의 표현인데 사람의 흥을 돋구고 어깨를 으쓱하게 만든다. 자랑스러움이 생기는 것이다. 내가 한 일을 누군가 공감해준다는 것을 뛰어넘어 가치를 인정 받았다는 보람과 의미를 한껏 느끼는 순간이 된다.

이어서 자신에 대한 존재 의미(자존감)와 자부심이 한층 생기를 낸다. 보다 긍정적이고, 보다 적극적이며, 보다 의미있고, 보다 가치있는 것을 향해 발걸음을 내딛게 한다. 칭찬이 자발적이고 선한 의지를 일으키도록 격려를 한다. 자발성을 일으키는 데 지대한 효과가 있다.

***

그러면 칭찬 이야기를 더 해 보자.

✪ 권위자의 칭찬은 아이로 하여금 존귀함과 영광을 입게 한다.

미술 시간에 옆 자리 학생이 그림을 잘 그린다고 친구들이 칭찬한다. 하지만 그 말보다도 선생님이 지나가면서 "와, 정말 잘 그리는구나! 화가 같다"라는 말 한 마디가 더 위력이 있다. 동료의 무성한 칭찬보다도 권위자의 말 한 마디가 아이의 존귀함을 돋궈준다. (반대로 권위자의 한 마디 책망과 저주와 비난의 말이 아이를 비참하게 만들기도 한다.)

존귀함은 권위자로부터 흘러나온다.

특별히 아빠의 역할이 아이의 자존감 형성에서 인간의 존엄성 dignity을 부여하는 역할이라고 심리학자들이 이야기한다. 우리 교육에서 부모의 칭찬은 아이의 자존감 형성에 지대한 역할을 하였다.

✪ 칭찬은 아이로 하여금 권위에 속하게 만든다.

칭찬을 많이 받은 아이가 부모를 거역하고 권위를 훼손시키는 일을 거의 보지 못했다. 칭찬의 속성은 권위자에게 인정 받는 것을 좋아하게끔 한다. 따라서 권위자에게 속하게 만든다. 틈틈이 하는 칭찬은 권위자와의 친밀감을 형성한다. 실제로 칭찬 받은 선생님의 수업을 학생들은 기다리지 않는가. 아이와 거리감을 느꼈다고 하면 칭찬을 시작해 보라. 틀림없이 다음날 밥상에 아이가 일찌감치 나와 기다리고 있을 것이다.

✪ 칭찬을 받은 아이는 부모를 존경하는 말을 하기 시작한다.

보이지 않는 세계에서 '신'이 경배의 대상인 것처럼 보이는 세계에서는 '부모'가 존경의 대상이 된다. 십계명에서는 신에 대한 윤리와 인간에 대한 윤리를 제시할 때 신과 부모 역할을 동일시하고 있다는 점을 눈여겨 보라.

눈에 보이지 않는 신에 대한 공경을 어떻게 할 것인가? 십계명에서는 우상을 만들지 말라고 한다. 이름도 함부로 부르지 말라고 한다. 그러면 어떻게 공경하는가? 바로 부모 공경을 통해서다. '부모'의 존재를 통해 '신'을 인식할 수 있도록 고안하셨다는 말이다. (그렇다면 부모 공경을 하지 않으면서 신을 공경할 수 있을까? 예수는 이런 자들을 이중적인 자라고 지적한다. 신을 빌미로 부모 공경을 회피하는 자가 이기적인 자라고 말한다.)

칭찬과 축복이 동일하고 축복이 겸배(공경)와 동일하다고 말하였다. 이와 같이 칭찬은 경배(공경)와 상호적이다.

칭찬을 받으면 부모를 존경한다. 부모 존경하는 태도가 된 아이들은 칭찬을 많이 받는다. 또 칭찬을 받은 아이는 부모만이 아니라 사회에서 만나는 권위자들을 존경할 줄 안다. 그러면 사회에서도 인정 받는 사람이 될 것이다.

✪ 칭찬은 아이로 하여금 '가치'를 발견하게 한다.

칭찬은 그냥 두리뭉실한 말이 아니다. 그저 "어이구 잘 한다" 하며 장단 맞추는 추임새가 아니다. 가치를 일깨워주는 말이다.

"입은 옷을 보니까 색상을 잘 맞췄네. 밝은 네 모습을 잘 나타낸다."

"그림에 푹 빠지더니 선이 멋들어지게 나왔네. 선에 힘이 있어."

"작곡한 음악 선율이 아주 경쾌해. 장난감 삐에로가 노는 느낌이야. 너의 경쾌함은 우리를 즐겁게 해."

"네가 행복하니까 우리도 행복하다. 너는 미래에도 참 행복한 사람이 될 거야."

"어제는 힘든 시간을 보내더니 오늘은 활기차구나. 본 모습을 찾아서 기쁘다."

"말 표현을 참 잘해 주었어. 그러니까 네 마음이 금방 이해가 된다."

"그렇게 어려운 이야기를 해 줘서 고맙다. 넌 용기 있는 아이야."

"목소리가 상냥하고 예쁜데. 누가 들으면 친해지고 싶어할거야."

작은 일, 그냥 지나칠 수 있는 일에서 '작은 가치들'을 일깨워주는 것이 칭찬이다.

칭찬할 게 없다는 말은 없다. 무엇에서나 칭찬을 찾을 수 있다.

심지어 실수한 일에서도 칭찬을 찾을 수 있다.

"너처럼 예쁜 얼굴에서 이상한 말이 나오다니 어울리지 않네. 내가 보니까 넌 참 예쁜 입을 가졌는데 말이야."

어느 욕설을 들은 선생님이 찾아가서 그 학생을 보며 해준 말이다.

그 다음부터 그 학생에게서 욕설이 들리지 않았다고 한다. 그 학생은 자기를 예쁜 사람으로 봐 주는 사람이 있다는 것을 알고 난 다음부터 욕을 하지 않았다. 자아상이 예쁜 사람은 입에 욕을 담지 않는다.

✪ 칭찬은 아이로 하여금 가치 없는 말을 하지 않게 한다.

욕을 아무리 하지 말라고 때리기까지 하는 무서운 선생님이 있어도 욕하는 건 막지 못한다.
욕밖에 들은 게 없으니 욕밖에 나올 게 없다.
칭찬을 들으면서 자존감이 생긴 아이는 욕을 멈춘다.
칭찬이 가득찬 아이에게서 칭찬이 나온다. 칭찬으로 채워진 아이는 찬사가 나온다.
욕이란 자신이 천박하다는 의식에서 내뱉는 쓰레기 같은 말이다.
자존감이 있는 아이는 욕을 하지 않는다.
칭찬은 가치를 바꾸는 힘이 있다. 가치 없는 말을 바꾸고 싶은가? 칭찬을 해 보라.

✪ 칭찬은 움직이지 않던 아이도 움직이게 만든다.

칭찬은 범고래도 춤추게 만든다더라! 하물며 영혼을 가진 인간이 영적인 메시지에 공명하지 않겠는가.

전자기파의 공명 원리를 가지고 같은 주파수를 가진 휴대폰만이 신호를 받아들여 진동하지 않던가.

고장난 휴대폰만 공명에 진동하지 않는다.

고장난 영혼만 칭찬에 움직이지 않는다.

보이지 않는 세계의 가치 있는 메시지를, 보이는 세계에 '칭찬'으로 전달하는데 공명하지 않는다면 소통이 안 되는 사람이다. 뭔가 고장난 사람이다.

우리 교육은 지시와 명령으로 움직이는 군대가 아니다. 닦달하며 쪼아야 움직이는 신병교육대가 아니다.

자발적으로 움직이는 자율적인 사람이 되기 위해 우리 홈스쿨을 시작했다.

칭찬은 아이를 움직이게 만든다.

칭찬은 동기를 부여한다.

칭찬은 더 많은 보상을 기대하도록 도와준다.

칭찬은 희망을 준다.

✪ 칭찬은 아이의 성장에 약이 된다.

저주와 욕설과 비난이 아이 성장에 독이 된다면 칭찬은 약이 된다.

빈곤감과 박탈감이 아이 성장에 해가 되는 것이라면, 자기 자신을 만족스러워 하는 행복한 언어와 보석 같은 칭찬은 아이 성장에 보약이 된다.

부모의 갈등과 잦은 다툼은 아이의 성장에 금이 가게 만든다면, 부모가 서로 칭찬하고 존경하는 언어를 듣고 자란 아이는 행복한 결혼관, 건강한 인간 관계를 갖는 아이로 성장한다.

폭력과 욕설로 범벅된 미디어를 즐기는 아이의 성장은 잔인함으로 얼룩지지만, 건강한 언어 사용으로 제한 받은 아이는 아름다운 세상을 꿈꾸며 그런 세상을 만들려는 발상이 무궁무진해진다.

✪ 칭찬을 하면 더 많은 칭찬거리가 생긴다.

처음에는 어색하고 익숙지 않아 생소하지만 칭찬 언어를 한번 사용하면 칭찬 어휘력이 늘어난다.

전에는 불만족스러운 면만 보이고 답답하기만 했는데, 아이에게서 칭찬을 통해 보석 찾기가 시작되면 사방에 보석이 널려 있는 보물섬 같은 아이를 발견할 것이다.

칭찬은 안목에 변화를 준다.

일 잘하는 사람은 어디가나 일감을 잘 발견한다.
사업 잘하는 사람은 어디가나 돈 버는 일이 눈에 들어온다.

그림 잘 그리는 사람에게는 어디서나 근사한 구도를 발견한다.
미용하는 사람은 어디가나 머리만 보인다.
칭찬하는 사람은 무엇에서나 칭찬거리를 발견한다.
아이에게서 장점을 잘 발견하는 사람은 아이의 미래를 인도할 수 있는 리더가 된다.

✪ 칭찬은 '내가 특별한 사람'이라는 생각을 심어준다.

칭찬은 그 사람만의 특별한 점을 발견해서 일러주는 것이다.
때에 맞는 말, 상황에 맞는 말, 시기에 맞는 말을 찾되 누구와도 비교할 수 없는 특별한 아이라는 것을 심어주는 것이다.
자신이 비교 당하지 않는다는 생각, 나를 있는 그대로 봐 준다는 생각은 열등하다는 의식에서 벗어나게끔 만든다. 수시로 경쟁시키고 비교함으로써 생기는 열등감을 칭찬으로 허물 수 있다.
칭찬은 비교의식으로 멍든 사람을 치유한다.
칭찬은 열등감으로 깊이 패인 흉터를 서서히 아물게 한다.
칭찬은 사람의 시선을 의식하여 안절부절케 하는 수치심을 극복하고 용기를 내도록 도와준다.
칭찬은 내가 누구와도 다른 '특별한 존재'라는 자부심을 가지고 인생을 살도록 도와준다.

✪ 칭찬은 학습된다.

칭찬하는 모습을 보면서 아이도 칭찬을 배운다.

부모가 칭찬하면 아이는 동생을 칭찬할 것이고 형을 칭찬할 것이다. 친구를 칭찬하고 가르쳐 준 사람들을 칭찬한다. 조금 있으면 칭찬 소리가 많이 들리는 가정이 될 것이다.

칭찬은 전파력이 강하다.

✪ 칭찬에 인색하지 말라.

책망을 받고 자란 사람이 이상하게도 칭찬을 잘 하지 못한다는 사실에 놀란 적이 있다. 칭찬과 찬사를 많이 받은 아이가 칭찬할 줄 안다. 자기 안에 든 것을 가지고 이야기하기 때문이다.

비난 받고 자란 아이는 비난밖에 나오지 않는다. 욕을 듣고 자란 아이는 나오는 게 욕밖에 없다.

칭찬은 없는 것을 만드는 게 아니다. 조금이라도 달라진 점, 나아진 점을 끄집어내는 기술을 익히면 된다. 부정적인 면은 접어두고 긍정적인 면을 묘사만 잘 해도 인상이 달라진다.

칭찬에는 신비로운 힘이 있다. 한 번 칭찬에 열 가지 칭찬거리가 생긴다.

칭찬하는 내 안목의 변화도 생기지만 칭찬을 들은 아이의 변화는 크게 꿈틀거린다. 책망하면서 '너 잘 되라고 하는 거야'라고 합리화시킬 때에는 도저히 볼 수 없는 마법 같은 효과가 나타난다.

✪ 칭찬과 회유를 구분하라

선물과 뇌물의 차이를 아는가?
선물은 받는 이의 입장을 생각하는 것이다.
반면에 뇌물은 '주는 사람의 입장'을 생각해 달라는 것이다.
칭찬과 회유의 차이도 이와 비슷하다.
칭찬은 전적으로 '받는 사람'을 위하는 것이다.
반면에 회유는 '주는 사람' 입장에서 어떤 의도를 드러내지 않고 상대를 내 뜻대로 조정하기 위해 구슬리는 것을 말한다.
회유형 부모는 자신의 의도를 보이지 않고 아이를 조정하고 싶을 때 마음에도 없는 칭찬을 한다. 아이의 행동이 밉지만 밉다고 노골적으로 이야기하지 않는다. 교양과 체면을 적절히 갖춘 부모는 절대 상스러운 표현을 쓰지 않는다. 과분한 칭찬과 함께 아이의 필요를 한껏 채워주는 것처럼 보이면서 부모가 원하는 의도를 따라가도록 조정한다. 사실 부모 역시 의도를 감추며 아이를 속이는 만큼 자기도 깜박 속아서 '조정하는 의도'와 '사랑'을 구분짓지 못 한다.
조정하기 위해 칭찬하는 것이 아니다. 조건 없이 칭찬하고 용기와 격려를 주기 위해 하는 것이다. 그러면 스스로 알아서 바른 길을 찾아온다. 늦장부리지 않고 빨리 피곤을 딛고 일어설 것이다.

"중요한 일부터 먼저" First Things First.
시간이 한정되어 있다는 사실은 중요한 것과 중요하지 않은 것을 구별하도록 만든다. 홈스쿨은 중요도에 따라서 문제를 처리하는 습관을 기르는 곳이다. 그러면 무의미하고 파괴적인 일에 시간과 정력을 낭비하는 일이 없어지고 보다 의미 있는 삶을 만들어 갈 수 있다. '시간 부자'는 시간만 넉넉한 게 아니다. 삶에 자유가 있고, 중요하고 의미있는 게 뭔지 알고, 거기에 충실한 사람이 되게 한다. 우리 홈스쿨은 '시간 부자'를 만드는 학교이다.

제 15 장
불평을 없애는 방법: 감사

독일에서 제2차 세계대전을 겪은 동일연령군의 일반 할머니와 수녀 할머니들을 연구했다고 한다. 동시대의 비슷한 아픔을 겪었는데도 수녀 할머니들에게서 치매율이 현저히 낮았다고 한다.

이유는 상처를 용서로, 원망을 감사로, 비난과 자책을 찬양으로, 물질적인 부족함을 영적인 관계의 풍요로움으로 바꾸었다는 것이다.

상처입은 과거를 바꿀 수 있을까? 인간의 의식과 역사는 고스란히 남아있지만 상처를 보는 안목은 바꿀 수 있다. 메타인지 차원에서 안목을 바꾸면 용서가 가능하다. 감사가 가능하다. 그럼에도 불구하고 찬양을 할 수 있다.

죽음을 이길 순 없지만 생명의 언어로 죽음을 밀어낼 수는 있다.
죽음을 대항할 힘은 없지만 생명을 받아들이는 용기를 낼 수는 있다.
어두움을 압도할 만한 능력은 없지만 빛을 받아들이면 어두움이 물러난다.

부족함과 불만족으로 가득찬 광야 같은 세상을 걸어다닐 때 불평과 원망만 늘어놓다 일생을 마친다면 참으로 안타까운 일이다. 제한이 있고 한계를 느끼는 환경일지라도 작으나마 행복을 만들 줄 아는 사람이라면 더 넓고 풍족한 환경에서는 얼마나 더 행복할까? 불편하고 맘에 드는 것이 없는 상황 속에서도 행복을 만들 줄 아는 사람, 이렇게 행복을 짓는 사람이 되기 위해 우리는 광야 교육이 필요하였다.
욕구를 조절할 줄 아는 사람이 작은 것에도 행복을 누리기 쉬운 사람이다.
언제나 감사가 넘치는 법을 아는 사람이다.
홍해를 건너온 이스라엘 백성들에게 광야 생활은 이런 의미였다. 충실하게 하루하루 사는 법을 배우는 것이다. 그것은 광야라는 현장 속에서 가졌던 행복 짓기 훈련이었다. 제한된 생활 속에서 행복하게 사는 법을 배우는 삶이다. 충실함과 꾸준함이 욕구 조절 훈련에 자발적으로 참여하도록 한다.

억지로 시킨다고 생각한 이스라엘 백성은 광야에서 반발하거나 우상숭배 같은 일탈적인 방법으로 자기 욕구를 채웠다. 이스라엘 백성은 강제로 혹독한 환경에 밀려 나왔다고 생각했다.

그 와중에도 이와 같은 훈련에 대한 진정한 목적을 알고 있는 사람이 있었다.

갈렙과 여호수아이다. 이들은 충실한 사람이었다. 가나안 땅을 차지할만 사람이 되었다.

행복은 환경과 조건이 결정하지 않는다. 꾸준히 하루하루 만들어 나가는 것이다.

자기 욕구를 조절하며 가장 좋은 걸 끌어내는 사람에게 행복이 찾아온다.

환경이 우리의 행복을 결정하지 않도록 하자. 그렇지 않다면 환경은 우리의 불행까지 결정하려 든다.

행복의 주도권이 나에게 있다는 것을 잊지 말자.

우리 형제는 각자의 영역을 구분하여 서로 존중하는 교육을 받았다고 이야기하였다. 그래서 자기 방은 자기가 치우고 자기 이불은 자기가 정리한다. 하지만 원칙이 그래도 일이 벅차거나 서둘러야 할 때, 혹은 즐거운 마음에서 대신 정리해주고 싶을 때 함께 일을 거들기도 한다. 그러면 이내 우리 형제들 입에서 나오는 소리는 '감사'다.

내 할 일인데 도움을 받았다는 것이다. 내 영역, 내 책임인데 은혜를 입었다는 말이다.

감사는 분명 자기 인식과 자기 책임성을 깨닫는 가운데 도움 받음으로 발견하는 '인격적인 만남'에 대한 인사이다. 고마워한다고 할 때에는 마음이 만나는 순간이다.

기계적이고 원칙적인(혹은 변칙적인) 사회, 물질적이고 세속적인 사회에서 인간적으로 만난다는 것은 살아가는 데 샘물 같은 소중한 경험이 된다. 감사가 그렇다.

어디서나 감사할 수 있다면 그 사람은 행복하다.

무슨 일에서나 감사가 넘친다면 그 사람의 인간됨은 소중한 것을 많이 알고 있는 사람이란 것이다.

한 번은 우리 집 자동차를 타고 집 앞에 내렸다. 그럴 때마다 우리 형제들은 꼬박꼬박 고맙다고 말하였다. 아빠는 이런 것이 무척 생경했나 보다.

"태워주셔서 감사합니다."

택시도 아닌데 말이다!?

초등학교 5학년 때 일이다. 동생이 학교 다녀와서는 아주 이상한 일을 보았다는 듯이 학교일을 이야기해 주었다.

"1교시 종이 울렸는데, 어떤 애가 책가방을 뒤지더니 교과서가 없으니까 가방을 차면서 엄마 욕을 하는 거 있지요. 그 애는 자기 가방, 자기가 안 싸나봐요? 글쎄 5학년인데 그런 애가 있어요!?"

요즘 엄마들은 아이가 말도 하기 전에 필요한 걸 알아서 채워 주는 만능 엄마들이다. 그 수준이 전지전능하다. 그러니 아이들이 의례 그런 줄 알고 지낸다. 하지만 어떨 때는 만능 엄마도 미처 채우지 못하는 경우가 생긴다. 세상 살다 보면 부족한 것이 생길 때가 종종 있다. 그러면 말 안 해도 채움 받는 데 익숙해진 아이들은 언제나 엄마 탓을 하며 짜증을 낸다. 수동적인 아이들의 특징이다. 뭔가 부족하고 결함이 있으면 신경질을 부린다.

우리 형제들은 자기 영역이 주어져 있어서 자기 할 일, 자기가 하기 때문에 그런 일이 없었다. 능동적이기 때문이다. 오히려 도움을 받을 때마다 고마움을 표현한다. 그런 감사가 입에 붙어서 자동차에서 내릴 때에도 그렇게 표현했던 것이다. 처음엔 거북했던 말이 아빠는 나중에 이해가 되었다고 한다.

"쟤가 행복하다는 거구나."

우리들은 짜증을 내본 적이 별로 없다.
'감사'가 많은 아이는 행복감이 많다는 것이다.
능동적인 아이의 표현이 '감사'다. 도움을 입었을 때 감사하기란 쉽다.

이제 감사하기 어려운 일, 힘든 조건에서도 '감사'를 찾아보자.
내가 넘어졌을 때, 내가 실수했을 때, 내가 상처를 받았을 때 감사할 것을 찾아보자.

"넘어졌는데 더 크게 안 다쳐서 다행이다. 감사하다."
"덤벙대다 넘어졌는데 이젠 조심해야겠다는 교훈을 받았다. 감사하다."
"농구하다 부딪쳐서 코가 깨졌는데 그래도 감사하다. 머리가 다쳤으면 큰 일 났을거다."
"실수했는데 감사하다. 무엇을 잘못했는지 깨닫게 되었다."
"아팠을 때 아프다는 게 뭔지 알아서 감사하다. 남들 아플 때가 이해된다."
"성적이 떨어졌는데 감사하다. 부족한 점을 알았으니 다시 용기를 내어 만회하겠다."
"사고가 난 것에 대해 이해는 안 되지만 감사하다."

사고난 일이 감사한 일은 결코 아니다.

그러나 사고난 일에 대해 불평하지 않고 더 좋은 일이 생기도록 내 마음을 기쁘게 바꾸겠다는 것이 감사의 정신이다. 물건이야 다칠 수 있고 손해볼 수 있다. 하지만 마음까지 다치게 할 순 없다.

내 마음은 내가 바꿀 수 있다. 그러니 나는 무슨 일이든 감사하는 마음을 갖겠다고 할 때 변화가 나타난다.

♡ 감사가 상황을 바꾸진 않는다. 그러나 내 마음이 바뀐다.

♡ 감사는 현실을 회피하지 않는다. 그런데 현실이 미래에 나쁜 영향을 미치지 않도록 감사가 만든다.

♡ 감사는 모든 상황을 다 이해해야 가능한 것은 아니다. 이해가 되지 않아도 감사할 수 있다. 이해를 능가하는 것이 감사다.

♡ 감사는 환경의 풍랑을 잠잠케 하지 못한다. 그러나 요동치는 마음에 평정심을 가져다 준다.

♡ 감사를 한다고 나에게 상처를 준 사람이 변화되는 것은 아니다. 그러나 상처 받은 내 마음을 나는 감사로 조절할 수 있다. 적어도 나는 내 자신을 바꿀 수 있다.

♡ 감사는 헛말이 아니다. 감사하면 내 인격이 순화되어 독이 사라진다.

♡ 감사는 부정적인 상황에서도 가장 긍정적인 것을 끌어내는 힘이 있다.

♡ 감사는 나의 부족함을 회피하지 않고 인정함과 동시에 모든 긍정적인 것이 들어오도록 문을 활짝 여는 것이다.

♡ 감사는 부족함을 채우기 위해 좋은 것을 끌어당기는 자석 같은 힘이 있다.

서슴지 않고 '고맙다', '미안하다'는 말을 먼저 하자.
독재는 상대를 꺾으면 꺾었지 자신이 꺾이지 않는다. 로마의 카이사르부터 시작해서 히틀러와 루마니아의 차우셰스쿠 등 수많은 역사의 독재자들을 보라. 그 시절에 투신자살, 암살, 사형 같은 극단적인 방법이 많았던 이유는 죽음 외에는 도저히 꺾을 방법이 없었기 때문이다. 우리 가정에서 독재의 향기(?)를 느낀 적이 있는가?
'감사' '고맙다'라는 말의 어원에는 본래 '항복하다'는 뜻이 있다. 조건없이 항복하라. 수없이 항복해 보라. 감사하는 말을 많이 사용하면 상대방의 동정심을 넘어 적대감 없이 아군처럼 대할 것이다.

형의 말이다.

"정말 가난한 사람은 복이 있습니다. 언제나 겸손해서 조그마한 성의와 행복에도 감사하기 때문입니다.

전 제가 홈스쿨을 시작하면서부터 아니 초등학교 시절부터 친구가 별로 없어서 가난하다고 생각했습니다. 그 때에는 저에게 진정한 친구다운 친구가 있었으면 하고 바랐습니다.

그런데 지금 제가 대학교 친구들과 어울릴 때면 정말 감사하다는 생각을 갖습니다. 조그마한 것에 웃고 즐기는 제가 너무나 행복하다고 생각합니다."

제 16 장
날마다 기쁨 찾기

홈스쿨은 무료함과 지루함 그리고 자기와의 싸움이 몇 년간 이어지는 학교이다. 평범한 일상이 반복된다는 것이다. 스트레스가 없는 듯해도 신종 스트레스가 생기는데 '나른함'이다.

나른함을 이길 장사가 없다.

삼손을 휘어잡았던 '들릴라'라는 여자 이름의 뜻이 바로 '나른함'이다. 그 여자의 다리 베게를 했던 삼손은 나른함에 빠졌다. 천하장사도 죽음이 임박해서야 빠져 나올 수 있었다.

나른함을 이길 순 없을까?

우리 홈스쿨에서는 〈기쁨 찾기〉를 했다.

때때로 우리는 〈기쁨 찾기〉를 통해 쌓였던 스트레스를 푼다.

특히 수능 준비를 할 때의 스트레스는 대단하다. 날마다 고된 문제지와의 싸움이 반복되는데 그것도 몇 년씩 해야 한다. 그런데 정작 가장 큰 스트레스는 11월이 되면서 수능고사일이 임박할 때 찾아오는 긴장감이다. 그래서 많은 학생들은 몸이 아프기도 하고 무력감에 빠지기도 한다. 그래서 본의 아닌 실수를 많이 한다. 스트레스 극복이 중요한 과제가 아닐 수 없다.

우리는 수능 스트레스 극복을 위해 3개월 전부터 (아니 상당히 오래 전부터) 수능시간표에 맞춰 동일하게 과목별 공부를 하였다. 아침 기상 시간도 수능시간표에 맞췄다. 시험시간이 마치는 4시 이후부터 부족한 과목을 자유롭게 공부하였다. 시험시간에 맞춰 신체 리듬을 적응시킨 결과는 성공적이었다.

그리고 일요일이면 공부로부터 자유 시간을 갖는다. 한 주간 쌓인 스트레스를 푸는 안식일이다. 늦잠도 자고, 노래도 부르고, 악기도 연주하고, 영화도 보면서 즐겁게 지내는 시간을 갖는다.

홈스쿨의 나른함을 이기기 위해 변화란 게 필요하다. 흥미와 관심을 이끌어낼 수 있는 즐거운 변화를 만들어야 한다.

여행은 변화에 큰 도움을 준다. 또 여행은 새로운 세계를 두려움 없이 넓힐 수 있도록 도와준다. 즐거움은 지루함과 두려움을 극복하는 힘이 있다.

홈스쿨은 새로운 재미를 찾아내는 재주를 배우는 곳이다. 그러나 재미를 찾는다고 컴퓨터 게임에서 재미를 찾지 않았다. 정크 푸드가 나쁜 점은 다른 음식의 맛을 잃게 만들기 때문이다. 마찬가지로 컴퓨터 게임은 다른 것에 즐거움을 느끼지 못하게 만든다. 이것이 중독의 폐해다. 한 가지에만 재미를 붙이는 것은 두루두루 세계를 넓혀야 하는 성장기 아이에게 매우 위험하다.

홈스쿨은 다양한 세계에서 흥미를 발견하는 학교이다. 비록 자기가 싫어하는 과목이라도 꾸준히 하면 성과가 보인다. 귀찮은 청소라 해도 즐거움으로 대하면 보람을 느낀다. 홈스쿨의 보람은 다양한 곳에서 즐거움을 많이 만들었다는 데 있다.

"난 참 홈스쿨이 재미있었다."

우리 홈스쿨에서 날마다 1시간씩 농구며 수영이며 줄넘기 놀이는 〈기쁨 찾기〉 중 하나다. 이따금씩 가족들이 모여 보드게임을 하는 즐거움도 있다. 우리 형제들은 보드게임을 자체 제작하기도 하였다.

우리는 생일과 같은 가족 기념일에 생일 당한 사람을 위해 하루 종일 봉사한다. 아침 식사부터 시작해 기념식사, 기념설거지, 기념청소, 기념촬영, 기념쇼핑, 기념게임, 기념영화, 기념인터뷰, 기념으로 소원 들어주기 등 하루 종일 그 사람을 중심으로 움직인다. 이것도 〈기쁨 찾기〉다.

평이한 음식도 재료를 바꿔가며 〈기쁨 찾기〉를 한다. 그래서 먹어보지 못했던 이국적인 음식을 다양하게 요리해 볼 기회를 갖는다.

라면에 바나나를 넣기도 하고, 창조적인 스파게티를 만들어서 시식도 해보고, 후라이팬에 피자도 도전해 보고, 카르보나라 크림 스파게티에 청량고추를 넣어 그럴싸한 입맛을 돋구기도 하고, 아티쵸크에 칼국수를 비벼 먹기도 하고, 아보카도 샌드위치를 만들고, 바나나 쉐이크에 블루베리를 넣어 일품 쉐이크를 만들고….

홈스쿨 식단에서 성공적인 요리는 지금도 식탁에 오르내린다. 물론 실패도 많았다. 그렇지만 즐거움은 잊지 못한다.

이렇게 〈기쁨 찾기〉는 우리의 일상에 즐거운 변화를 주었다. 그런데 무엇보다 홈스쿨의 〈기쁨 찾기〉는 이것이다.

기억 속에서 〈기쁨 찾기〉를 하는 것이다.

강원도에서 살았던 추억을 이야기하면서,
수동리 축령산에서 밭 갈았던 이야기를 기억하고,
아이들의 어린 시절, 주머니의 돈을 털어 붕어빵 나눠 먹던 이야기를 꺼내며,
난곡 살 때 그 긴 계단을 한걸음 한걸음 놀이하며 올라갔던 기억들,

삼성산에 수박들고 계곡에 들어가 책받침 물레방아를 돌린 기억,
　우리는 식탁에서 자주 기억 속의 〈기쁨 찾기〉를 한다.
　엄마 아빠가 어떻게 만났는지 이야기하는 것도 우리 형제들은 즐거워했다.

　우리는 부모와 함께 기억 속에 잠겨 있는 '좋지 않은 기억'을 떠올리며 그것이 어떤 의미가 있었는지 그것에서 어떤 긍정적이고 어떤 유익을 얻을 수 있는지 〈기쁨 찾기〉를 하곤 하였다.
　초등학교 때 무서웠던 선생님, 험악한 분위기를 잡았던 반 친구들, 가정이 불우했던 아이들을 기억해 낸다.

　초등학교 시절 무서웠던 선생님이 있었다. 당시에는 체벌을 금지시키는 시절이 아니어서 책상 위에 올라가서 손바닥을 맞는 회초리 체벌이 있었다. 동생은 맞을 짓을 하는 학생이 아니었기 때문에 맞을 일이 없었으나 단체 기합 때에는 별 수 없었다. 선생님의 단체 체벌은 자주 있었다. 맞는 일 자체도 아픔과 공포가 따랐지만 친구들의 여린 손바닥이 하나 둘씩 회초리 매질에 으스러지는 소리가 다가올 때면 더욱 공포스러웠다.
　당시에는 선생님의 교육방침에 대해 민원을 호소해도 소용없는 일이라는 것을 시골 학교라면 누구나 다 아는 사실이다. 다른 학교로 옮기는 전학밖에는 도리가 없어 보였다. 방과 후에 아빠

가 동생을 데리고 다른 학교를 찾아가서 보았다. 그러나 동생은 전학 가기 싫다며 그냥 견뎌보겠다고 하였다.
 그 때 아빠는 인생을 즐겁게 사는 묘수를 발휘했다.

"그러면 이러자. 손바닥에 점수를 매기는 거야.
손바닥 두툼한 데는 덜 아프니까 3점.
손가락 마디가 있는 데는 아프니까 5점,
가장 아픈 데는 7점…
그래서 모두 15점을 넘으면 아빠가 피자를 쏠께!"

 갑자기 학교 체벌이 게임으로 바뀌었다. 동생은 유심히 손바닥을 살피며 선생님이 때릴 때마다 공포를 느끼기보다 점수 세기에 몰두했다. 한 차례 가지고는 15점을 넘기 어려웠다. 한번 더 기다려야 한다. 다음 번 단체 체벌을 기다렸다. 마침내 15점을 넘는 순간 '아싸' 하는 기합 소리가 속에서 터졌다.
 매 맞은 일이 즐거움으로 바뀔 줄이야.
 방과 후에 동생이 무척이나 기쁜 얼굴로 제일 먼저 아빠를 찾았다.

"아빠, 나 벌 받았어요."
 보란듯이 손바닥을 내밀며 아빠와 한 약속을 상기시키는 중이다.

"15점을 훨씬 넘었어요."
그날로 피자 파티가 이어졌다.

〈기쁨 찾기〉는 나의 하루를 돌아보면서 찾아볼 수 있다. 억울했던 일 속에서도 긍정적이고 바람직한 일을 찾아보는 것이다. 그리고 즐겁고 경쾌하게 바꾸겠다는 것이 〈기쁨 찾기〉이다.

물론 피할 수 있으면 피하는 게 좋다. 하지만 피할 수 없을 때에는 〈기쁨 찾기〉로 인생을 즐겁게 바꾸자는 것이다.

나를 유쾌하고 가볍게 만드는 것이 〈기쁨 찾기〉이다.

너무 심각하게 살지 않고 문제에 빠져들지 않게 하는 것이 〈기쁨 찾기〉이다.

평이하고 지루한 일상 속에서도 즐거움을 찾아 기쁜 마음을 유지하는 것, 이것이 〈기쁨 찾기〉이다.

우리는 〈기쁨 찾기〉 중의 하나로 악기 연주와 음악을 즐겼다. 우리는 음악에서 배울 점이 참 많았다.

노고 없이 즐거움은 없다는 것
규칙 속의 아름다움과 불규칙의 거슬림을 몸소 배울 수 있다는 것
변칙도 규칙 속에 있으면 묘한 조화를 이룬다는 것
소음과 음악의 차이는 불통과 소통의 차이라는 것

즉흥성이 음악의 동기가 된다는 것
　음악은 반복하기만 해도 분위기를 고조시킨다는 것
　음악은 쉽게 하나될 수 있는 공감의 언어라는 것
　약간의 변주만 해도 전혀 다른 음악으로 바뀐다는 것
　일회성 퍼포먼스(공연)를 위해 많은 연습이 있어야 한다는 것
　공연할 때 실수도 실제 연주처럼 태연하게 넘길 수 있어야 완성 된다는 것
　음악은 현장에서 즉각적인 공감을 얻어낼 수 있다는 것

　멜로디의 흐름과 음이 어우러지는 화음은 오른쪽 뇌(우뇌)의 관자엽 청각영역에서 인식한다. 반면에 소리의 장단과 강약으로 표현되는 리듬은 왼쪽 뇌(좌뇌)의 청각령에서 분석한다. 다시 말해 음악에서는 전두엽이 활성화되지 않는다.
　뇌가 쉰다는 말이다.
　집중해야 하는 사고는 잠시 멈추고 감정으로 느끼게끔 한다. 이러한 음악 효과 때문에 마음과 정서를 치유하는 데 사용한다. 음악치료가 그 의미이다.
　공부에 지칠 때, 과도한 두뇌 사용으로 스트레스가 많을 때 음악은 뇌를 쉬게 할 뿐 아니라 정서를 환기시킨다.
　신경질이 많고 예민한 아이에게 바흐의 고전음악은 마음의 안정을 준다고 한다. 우리는 아침에 일어나는 분위기를 음악과 노래로 만들어 보았다. 저녁식사 후 아이들과의 즐거운 이야기 시

간을 알리는 시그널뮤직을 위해 특별한 음악을 뽑기도 하였다. 엄마의 사춘기 때 감성을 일으키는 옛노래를 다시 불러보고, 아빠의 노래를 부르기도 하며 또 우리 형제들이 좋아하는 노래도 불러 본다. 우리는 공감하기 위해 음악을 사용하였다.

우리는 악기 연주를 가지고 작은 음악회를 꾸밀 수 있었다. 가족들의 협주도 좋고 중창도 좋다. 우리 형제들이 자작곡한 기타 연주를 들려 주었는데 기립박수를 받았다. 에어 탭핑 같은 자기만의 기타주법도 개발하여 가르쳐 주기도 한다. 어디서나 음악의 즐거움은 주위 친구들의 시선을 집중시킨다. 대학생활에서도 학우들이 주위에 모일 수 있었던 것은 기타 솜씨가 좋기 때문이다. 동아리 활동에서 기타 반주를 도맡았다.

형의 카이스트 생활에서도 음악의 즐거움이 있었다. 여러 군데 식당에 있는 피아노를 자주 가서 쳤다. 건강한 즐거움을 만드는 법을 배운 대로 했다.
대학 기숙사 생활을 하다가 집에 돌아와 형과 아우가 만나면 곧장 기타 연주에 몰두한다. 서로 자기가 터득한 것을 가르쳐준다. 하나가 기타 치면 하나는 키보드를 치고, 혹은 드럼을 연주하기도 한다. 연주가 시작되면 노래를 부르게 되고 노래를 부르면 하나가 되었다.
언제부터인가 화음을 맞추어 노래 부르기를 좋아하기 시작했다. 무반주로 노래하는 아카펠라 하모니를 이룰 때 느낌은 또 다르다. 대학 시절 아카펠라 팀을 구성해서 공연까지 하였는데 또 다른 즐거움을 느껴본다.

우리 형제는 홈스쿨의 마지막 3년차에 선생님도, 준비된 교제도 없이 과감하게 공부의 바다에 뛰어들었다. 바다에 뛰어들었을 때의 결과는 두 가지뿐이다. 목표로 한 큰 물고기를 잡느냐 아니면 그냥 물 속에 빠져 힘들게 허우적거리느냐. 둘 중의 하나이다. 거의 무모한 짓이다. 큰 물고기를 낚기 위한 사전의 준비도 없이 말이다. 아무래도 1년은 좀 무리였던 것 같다. 1년 안에 고검, 대검을 통과하고 수능을 보았지만 원하는 성적(의대를 갈만한 성적)이 나오지 않았다. 1년이라는 시간이 절대적으로 부족하다는 것은 알았지만, 온 힘을 다해서 준비한 우리는 받아들이는 데 무척 힘들었다.

그러나 우리 집 사전에는 '절망'이란 단어가 없다. 그래서 다시 즐겁게 시작하기로 결정하였다. 수능이 끝난 12월에는 기타를 배우며 휴식을 취했고 3월부터 다시 수험생 바다에 뛰어들었다. 그래도 한번 뛰어든 경험이 있었기에 작년보다 더 수월하게 헤엄칠 수 있었다. 공부하다 힘들 때면 기타를 치며 기분전환을 하였다.

8월 중순 무더위와 더불어 모든 수험생이 지치는 때다. 우리 형제는 가지고 있던 수학문제와 기출문제 등 풀 수 있는 모든 문제는 다 풀어보았다. 다시 반복하는 것뿐이다. 한번은 인터넷에서 아주 좋은 수학문제를 발견하였다. 많지 않았기 때문에 문제를 아끼면서 풀었다. 금방 풀 수 있는 문제들을 일주일 내내 가지고 있었다. 이것도 끝이 났다. 수능시험이 기다려졌다. 대학교 수님들이 출제하는 따끈따끈한 수능문제를 빨리 풀고 싶은 마음이었다.

그래서 아빠에게 '수능시험이 빨리 왔으면 좋겠다'고 말하였다. 아빠 말은 "다른 사람 같으면 천재지변이라도 나서 수능시험 날짜가 미뤄졌으면 하고 바랄 텐데 너희는 빨리 풀고 싶어서 그 날이 오기만 기다려진다니… 수능이 끝나면 잔치를 해야겠구나" 하였다.

수능일이 공포스러운 학생이 있다. 반면에 기대를 가지고 기다리는 학생이 있다. 누가 더 좋은 성과를 낼지 알아 맞추기 쉽다. 수능 당일 2교시 수학영역 시험시간이 되자 40분 안에 문제를 다 풀었다. 남은 시간은 검토하는 시간이 되었다. 성적도 좋았다. 일종의 재수를 한 결과 (나도 재수생이라고 하면 진짜 재수생 형들에게 혼난다) 형과 동생은 KAIST와 의대에 입학하게 되었다. 다시 수능을 준비했던 시간은 공부 외에도 많은 것을 배울 수 있었다. 삶의 의미와 목표를 되짚어 보고 자신을 더 알게 되는 축복의 시간이었다.

이 시기에 '무엇이나 즐겁게 하자'는 태도가 삶에서 가장 중요한 태도였다. 원하든 원하지 않든 무엇이나 즐겁게 하면 그 결과는 언제나 최상을 얻는다. 〈기쁨 찾기〉 때문에 더 노력하고 더 집중할 수 있었다.

　노는 것도 성격을 따라 간다. 하지만 놀이는 함께 하면 즐겁다. 함께 즐기는 것이 놀이다. 부모가 함께 놀고, 친구랑 같이 놀고, 만나는 사람들이랑 함께 놀고 나면 사람들과 친해지고 함께 하는 즐거움을 누릴 수 있다. 공동체란 거창한 게 아니다. 함께 즐겨야 하고, 같이 즐겁게 지낼 수 있으며 또 함께 즐거움을 만드는 곳이다. 놀이는 공동체에 꼭 필요한 요소이다.
　그런 의미에서 컴퓨터 게임은 지극히 이기적인 놀이다. 상대와 함께 했던 시간의 즐거움보다 승부욕구가 주는 팽팽한 긴장감을 나홀로 독식하기 때문이다.
　우리 집에서는 함께 노는 놀이문화를 만들었다. 방학 중에는 여러 가정을 초대하여 여름캠프를 열며 함께 노는 문화를 만들었다. 보다 수준 높은 품격으로 아이들의 마음을 사로잡으려 노력하였다. 세상에는 참으로 훌륭한 놀이로 넘쳐난다.

　홈스쿨에서 〈세계 정복〉이라는 흥미진진한 프로젝트를 한 적이 있다. 처음에는 세계 정복을 테마로 다루는 만화 영화를 골라서 보았다. 그리고 세계 정복의 목적과 과정, 몰락의 길을 조사하고 정리하여 ppt로 발표하였다. 언제나 그렇듯 악당villian의 세계 정복의 야욕을 영웅이 나타나 깨부순다. 그런데 그 영웅이 다른 마음 먹고 빌런villian이 되면 또 다른 영웅이 나타나리라는 것은 안 봐도 뻔하다. 만화 같은 이야기는 계속된다.

다음은 실제 역사적 인물과 제국들을 조사하였다. 알렉산드로스, 카이사르, 나폴레옹, 히틀러 등등 그들의 정복 야욕과 목적, 과정, 몰락의 길까지. 처음에는 영웅처럼 나타났다가 빌런villian이 되어 비참하게 사라진다. 결국 성공한 사람은 아무도 없다. 그런데도 도전자는 계속 나타난다. 만화와는 전혀 다른 전개구도다.

마지막으로 '내가 정복한다면' 하고 나의 가상적인 세계 정복에 대해 구상과 설계를 정리해서 발표하였다. 만화의 악당이나 독재자의 전철을 밟지 않으려면 〈세계 정복 프로젝트〉를 세계 경제, 금융권으로 확대시켜야 했다.

그런데 이미 세계화 차원에서 다국적 기업이 장악하고 있음을 알았다. 누군가 이미 나섰다. 내가 생각하는 거라면 다른 사람도 생각하는가 보다.

다시 문화와 종교, 사상과 철학 영역으로 확대하였다. 이런 분야에서 세계 정복을 이룬 위인들은 지금까지도 존경과 추앙을 받는다.

이와 같은 입체적인 공부를 위해 도서관에 맛을 들이고 영화/다큐멘터리를 보고 인터뷰를 하면서 공부라는 것을 즐겼다.

'본인이 가지고 있는 특별한 재능이 있다면?' 하고 묻는 질문에 우리 형제는 대답했다.

"무엇이든지 한번 배우기로 작정하면 최선을 다하는 특성이 있습니다.

그래서 초등학교 때 공기를 하면 공기왕, 줄넘기를 하면 줄넘기왕, 딱지왕, 독서왕, 수학왕, 수영, 농구…

(홈스쿨할 때) 처음에는 흥미가 없어도 새로운 재미를 찾아내어 나의 세계로 만드는 재주가 있습니다.

미술도 처음은 힘들었지만 화가들의 그림 감상법도 익히고 사물에 대한 관찰력도 높아지면서 한번 습작을 그리면 완성도가 높았습니다. 그래서 유화 4점을 포함하여 총 15점으로 작은 갤러리를 열기도 하였습니다."

제 17 장
인생은 여행이다

　우리는 책과 머리로만 공부하지 않았다. 손과 다리로 하는 공부도 있었다.
　강원도에서 제주도까지, 향토박물관에서 시립미술관, 국립박물관, 남대문시장~청계천 공구상가까지 뒤지며 다녔다.
　책 대신에 많은 이야기와 설명과 토론 시간을 가졌다.
　전문분야에 종사하는 전문가를 만나 이야기 듣는 시간을 가졌다.
　사업이야기, 미용업, 식당업과 요리이야기, 농사와 낚시 이야기 등 우리는 가는 곳마다 선생님들을 만났다.

공부를 생활에서 배웠다.

여행을 다니며 배웠다.

용산에서 컴퓨터 부품을 사다가 직접 컴퓨터를 조립하면서 배웠다. 세상은 공부 천지다.

또 영어권 국가에 단기여행을 떠났다. 영어의 도전을 받지 않을 수 없다.

의료봉사팀에 합류하여 의사들과 함께 생활해 보았다. 의료기술의 필요성을 절감한다.

장애자 공동체 봉사를 가 보았다. 삶에 대한 의미가 다르게 전달된다.

집짓기 봉사를 해 보았다. 공구를 사용해 내가 직접 수리를 할 수 있다는 뿌듯함을 느낀다.

이공계 연구실을 방문해 보았다. 학문의 기초가 수학이라는 사실을 듣게 되었다.

서점을 가 보았다. 얼마나 많은 사람들이 나와 동떨어진 수많은 주제를 가지고 수없이 많은 이야기를 그렇게 두꺼운 책에 토해내는지… 나라면 어떤 제목의 책을 쓸지 생각해 보았다.

공부하는 이유를 곳곳에서 찾는 경험을 하였다.

공부를 싫어하는 이유는 공부하는 이유를 모르기 때문이다. 나와 연결이 되지 않는 공부는 의미를 느끼지 못한다. 내가 필요해서 시작하는 공부가 아니기 때문이다. 부모가 무조건 시키고 학교가 무작정 시키기 때문이다. 공부는 미래의 수확을 위해 차곡차곡 심고 가꾸는 과정이라서 현실적인 필요성을 절감하기 어렵다. 그래서 도전 정신을 키울 필요가 있다. 자기가 좋아하는 것을 파악하고 잘하고 싶은 의욕을 키우기 위해 다양한 체험 활동이 필요하다.

사람은 보고 들은 것에 한정하여 생각한다. 평소에 보고 듣고 경험한 것이 적은 사람은 생각의 폭도 좁다.

생각을 키우기 위해 여행을 다니며 다양한 분야의 사람들과 이야기하는 것이 필요하다. 또 고장마다 먹고 사는 게 다른, 삶의 이야기를 들을 필요가 있다.

"… 우리나라 역사와 문화를 이해하기 위해 카메라를 들고 태백에서 제주까지 박물관과 지역문화를 찾아 다녔습니다. 여행은 가방 싸는 법, 계획 세우는 법, 두려움 없이 낯선 문화를 받아들이는 법을 가르쳐 주었습니다. 그 후 영어의 세계를 넓히기 위해 캐나다 여행에 도전하였습니다… 세계 어디든 여행할 수 있을 것 같았습니다."

홈스쿨을 마치면서 대학 입학하는 과정 중에 한 이야기이다.

해외로 여행지를 넓혀 보았다.

영어공부로 다져진 아이들이 직접 영국의 지하철, 버스 티켓을 구입하고, 음식점에서 주문을 하고, 뮤지컬 티켓을 사러 발품을 팔며 다니다 싼 티켓을 구했을 때 즐거움은 이루 말할 수 없다.
　프랑스의 루브르 박물관을 지도 보며 찾아 다니고 오랑주리와 오르쉐 미술관을 나와, 몽마르뜨에서 기념품을 고를 수 있었다.
　몽마르뜨 호텔 근처의 프랑스 바게트 샌드위치를 현지 주민들처럼 줄 서서 먹었다.
　이탈리아 로마의 유적을 돌아보며 우연찮게 들어선 골목길에서 맛있는 젤라또 아이스크림집을 찾을 수 있었다.
　베니스의 선상버스 티켓을 끊고 하루 종일 배로 여행을 다닐 수 있었다.
　성마태 광장을 끼고 미로 같은 골목을 찾아 다니며 마트에서 물건을 구입할 수 있었다.
　폼페이 유적 근처의 베수비우스 화산 분화구를 올라가 화산돌멩이를 기념으로 집어 오기도 하였다.
　포지타노 지중해 앞바다에 발을 담그며 여로를 식힐 수 있었다.
　일요일 아침 9시 무료개장시간부터 바티칸 박물관에 들어가 오후 2시 폐장시간까지 식사도 거른 채 관람하는 끈기도 보였다.
　무료로 관람하는 영국 브리티시 박물관, 내셔널갤러리, 자연사박물관, 테이트브리튼 같은 미술관을 며칠 여유를 두고 샅샅이 훑어보았다.

이탈리아 피렌체 우피치 미술관에서 보았던 보티첼리의 작품 중 그의 인생의 마지막 작품을 영국 내셔널갤러리에서 보았을 때 그의 인생 변화에 적잖은 감동을 받았다.

옥스포드 대학박물관을 구경하며 캠퍼스를 돌아볼 수 있었다.

일요일엔 크리스트처치의 성공회 미사에 참여하여 성가대의 고풍스런 성가를 들었다.

스위스 기차를 타고 융프라우 절벽을 보고 탄성을 지르기도 하였다.

세상은 이야기 거리로 충만하다.
미술관과 박물관마다 시대와 역사를 이야기하고
사람 사는 이야기를 나눈다.
먹는 게 다르고, 보는 게 다르다.

세상에 나만 있는 것 같은 느낌,
내 세계만 있는 것 같은 기분,
내가 하는 일만 일인 것 같은 느낌에서 탈피하는 순간이다.
지금도 지구 반대편에서는 내가 만났던 이국 사람들의
일상이 생생하게 이어진다.
세상은 삶으로 충만하다.
여행은 조금이나마 삶에 대한 흥분감을

시공간 이동을 통해 느껴볼 수 있게 해 준다.

한 번은 유럽여행 중 로마시내를 9시간이나 지치도록 걸어 다니다 마침내 호텔 숙소로 돌아와 털썩 주저앉았다. 저녁이고 뭐고 다 귀찮은 판에 두 형제가 선뜻 일어섰다. 저녁거리를 슈퍼마켓에 가서 사가지고 오겠다며 모자를 챙겼다. 우리가 우연히 발견한 귀퉁이 마켓은 4km 떨어졌다. 거리는 멀었지만 정말 물건값이 싸다. 오고 가는 데 한 시간 걸리는 곳을 두말 하지 않고 나가 양 손에 커다란 비닐 봉투를 쥐고 돌아왔다. 그때 먹었던 껍질 얇은 길쭉한 이탈리아 수박 맛을 잊지 못하겠다. 조금도 투정 부리지 않고 형제들이 보여준 생활의 가치는 우리 모두를 건강하고 행복하게 만들었다.

여행을 다녀온 다음에는 결과물을 정리한다. 여행지에서 얻은 팜플릿, 소책자, 관광지 소개, 박물관 안내지 등은 투명파일 안에 넣어 정리하였다. 그곳에서 배우고 기록한 내용도 함께 파일로 정리하였다. 그리고 파일이름에 장소/일자/주제 등을 표시해 두었다. 홈스쿨이 해를 거듭할수록 이런 파일들은 계속 쌓였다. 그때그때 정리하는 습관을 들이면 나중에 다시 보고 싶을 때 효과적으로 찾을 수 있다.

거실 한 면에는 홈스쿨 여행의 기념물들로 채운 장식장을 마련하였다. 여행지에서 하나씩 들고 온 저마다 특색 있는 돌들이 놓여있다.

돌멩이를 보면 거기에 묻은 이야기가 자연히 흘러나온다.

거제도 몽돌은 거제도 여행에서 선창 속의 자리돔을
한 바구니 떠준 할아버지가 생각난다.
설악산 돌멩이는 잠시 땀을 식히러 들어갔다가 미끄러져
함빡 젖은 기억이 살아난다.
제주도 조개는 할머니를 모시고 여행한 기억이 떠오른다.
축령산 말벌집은 한때 살았던 축축한 전원주택을
상기시킨다.
화강암 원통샘플은 대전 지질박물관을 다녀온 기념이 된다.
캐나다 여행에서 우리 형제가 캐온 조개/삼엽충 화석,
영국 옥스포드에서 구한 은철광석,
뉴질랜드의 황화규소 화산용출물,
시나이산의 붉은 화산암,
이스라엘 메노라와 등잔,
홍천 하늘소 허물 등.
자연히 우리 집 거실은 홈스쿨 전시장이 되었다.

우리 형제는 스위스 라브리 공동체 마을에 두 달 넘게 살면서
토론과 독서와 공동생활을 즐겼다.
또 프랑스 떼제를 다녀오는 여행을 하였다.

그때 당시 도서관에서 책을 읽고 토의하며 사고를 확장시켜서 우주와의 시간 여행에 나선 적이 있다. 인간은 몸을 움직이지 않아도 사고思考를 통하여 여행이 가능하다. 우주와 세상의 기원을 생각하며 나름 토의하고 연구하여 형이 글로 써보았다.

✤ 스위스에서 우주를 보다 ✤

2009년 스위스의 여름 햇살은 유난히 눈부셨다. 여름방학과 더불어 시작된 스위스 생활은 도착했을 땐 안개 때문에 볼 수 없었던 장엄한 산들이 내 시야를 가로막자 나도 모르게 감탄사가 흘러나왔다. 날이 밝았을 때 스위스 산야를 타고 흐르는 신선하고도 서늘한 공기가 내 목 주위를 맴돌 때 기분은 스위스 산정에서 풀을 먹는 양 떼 속에서 그들과 동무가 된 느낌이었다.

이윽고 밤하늘의 검은 천에 빽빽이 박아 놓은 듯한 수많은 별들을 대할 땐 내 무의식 중에 묻혀 있던 우주를 향한 거대한 물음표가 고개를 들기 시작했다. 그렇지 않아도 내가 잠시 살게 된 라브리 공동체에는 비슷한 질문들을 가지고 찾아오는 세계 각 곳의 젊은이들로 붐볐다. 꼭 집어 답을 주는 곳은 아니지만 관련된 주제를 따라 도서관에서 찾을 수 있는 온갖 책을 읽게 하고 저널을 쓰면서 날마다 토론이 이어진다.

'과연 우주는 시작이 있는가?'

고대 사람들은 밤하늘을 관찰하면서 광활한 우주에 대해 인지하기 시작했다. 얼마나 멀리 있는지 가늠도 못할 만큼 먼 우주를 보면서 경외심과 함께 호기심을 가졌으리라. 천문 관측에 관한 기록은 다른 어느 기록보다도 오래되었으며 지금까지 우주를 관찰하고 탐사하기 위한 작업은 계속 진행된다. 하지만 아직까지도 우주가 얼마나 넓으며 어떻게 생겨났는지 알기는 어렵다.

'그래, 우주의 시작이 있다면 그 기원의 배후에는 또 무엇이 있을까?'

스위스의 여름 밤은 그렇게 진지할 것만 같았으나 나이를 불문하고 격의 없이 대하는 서양 친구들의 유쾌한 몸짓에 나도 함께 어우러지면서 그만 하루하루가 너무 빨리 지나가 버렸다.
'이 우주가 정지된 상태라면…' 하고 생각해 보면서 내 시간도 여기서 정지된 채 머물렀으면 하는 아쉬움이 같이 묻어났다.

20세기 초만 하여도 대다수의 천문학자나 철학자들은 우주가 별들로 가득 차 있으며 정지해 있다고 생각하였다. 그래서 우주가 정적이 아닐 것이라는 의문조차 나오지 않았다. 이러한 상황에서 발표된 것이 바로 1915년 아인슈타인 일반상대성 이론이다. 이 일반상대성 이론은 우주가 무한하더라도 그런 우주를 설명할 수 있는 장점이 있었다.

아인슈타인은 그것을 우주에 적용하기 위해서 우주의 물질이 고르게 분포하고 있다고 가정하였다. 즉 밀도 분포의 다양성을 없애고 우주가 어느 방향에서 보든지 동일하다고 한 것이다.

이 가정법은 현재까지도 우주론을 연구할 때 쓰는 탁월한 근사법이다. 하지만 아인슈타인이 연구를 한 결과, 자신의 방정식에 따르면 우주는 수축하거나 팽창하고 있어야 했다. 이것은 뉴턴의 중력법칙만 가지고도 쉽게 알 수 있다. 만약에 우주 공간의 여러 천체가 있는데 정지 상태로 있다고 한다면 서로 끌어당기는 중력 작용에 의해 결국 서로 수축할 수밖에 없다. 이것을 해결하는 방안은 오직 우주가 어떠한 종류의 팽창이나 폭발로 인해 우주의 물질 사이의 인력을 상쇄하는 경우이다.

그러나 아인슈타인은 기존의 정지 우주에 대한 개념을 버리지 못하였다. 그리하여 아인슈타인은 기존의 정지 상태인 우주 모델을 만들기 위해 방정식에 우주를 정지 상태로 만들 우주 상수 cosmological constant를 대입하여 자신의 방정식을 수정하였다. 하지만 나중에는 이 상수가 정확하지 않다는 것을 인정하고 원래의 방정식으로 바꾸게 된다.

과학도인 나로선 가장 이성적이라고 생각하는 과학적 이론을 기초로 관찰과 연구를 통하여 우주의 기원을 설명하는 것에 초점을 두었다.

과학적 이론을 기초로 우주를 설명한 것에는 우주가 영원하며 시작과 끝이 없이 무한하다는 것이 있고, 다른 이론으로는 우주에는 시작이 있으므로 지금의 우주는 무한한 것이 아닌 유한하다는 것이 있다.

고대 사람들은 대부분 우주가 영원할 것으로 추측하였다. 아리스토텔레스 역시 우주의 만물계는 영원하다고 보았다. 물론 과학적 논거가 아닌 종교적이며 신화적인 논거에 의한 발상이었다. 하지만 여기에 과학적 추론을 제시하며 오늘날 우주의 시작이 없다는 것의 대표적인 이론이 생겼다. 정상상태 이론이 그것이다. 이 이론은 헤르멘 본디Herman Bondi와 토마스 골드Thomas Gold가 처음 제안하였으며 천문학자인 프레드 호일Fred Hoyle이 마하원리를 정상상태 이론과 결합하여 만들어내었다.

이 정상상태 이론에서는 우주가 팽창하지만 우주 공간의 질량 밀도가 같다는 것을 설명하기 위해 우주가 팽창할 때마다 물질(수소)이 저절로 생긴다고 한다. 하지만 이 이론은 수소가 저절로 생긴다는 에너지 보존 원리에 위배 되고 과학 인과율과도 배치가 된다. 그리고 결정적으로 미국 천체물리학자 아르노 펜지어스Arno Penzias가 우주 배경복사를 발견하면서 정상상태 이론은 퇴조하고 만다.

한편으로 우주에 시작이 있을 거라는 과학적 논거는 무엇일까?

미국의 천문학자 에드윈 허블Edwin Hubble이 은하에서부터 오는 빛을 관측하여 적색편이를 측정하였다. 적색편이는 광원이 관측자로부터 멀어질 때에 그 진동수가 감소하고 관측된 빛은 실제 빛의 파장보다 더 적색으로 치우치게 되는 것을 말한다. 은하의 적색편이를 측정하고 그것을 통하여 거리를 계산하였는데 은하가 지구로부터 멀어져 간다는 것을 발견하였다. 즉 우주가 팽창한다는 것을 관측을 통해 알아낸 것이다.

이와 같은 혁신적인 결과에 의해 우주관은 크게 바뀌지 않을 수 없었다. 그리고 벨기에 천문학자 조지 르메트르는 일반상대성 이론을 토대로 우주가 팽창하고 있다는 원시원자 이론을 만들게 되었다. 이 이론에서는 우주가 팽창하기 때문에 반대로 시간을 거슬러 올라가게 되면 자연스럽게 우주가 하나의 점이 되는 시점이 생긴다는 것이다. 이것은 우주의 기원이 있다는 것을 뜻한다.

이것이 바로 현대의 빅뱅이론(대폭발 이론)이다. 나중에 르메트르의 원시원자 이론을 미국 물리학자 조지 가모브Goerge Gamow가 물리학적으로 정교하게 다듬은 것이다.

여기까지가 스위스에서 도서관을 찾아 다니며 정리한 것의 핵심이다.

스위스까지 온 김에 인터라켄Interlaken에 있다는 융프라우Jungfrau를 가지 않을 수 없어서 드디어 사람들을 부추겨 8인승 밴을 빌렸다.

'자유라면 이게 자유지' 싶어, 가는 곳마다 사진을 찍어대고 깔

깔거리고 웃고 소리질러 가며 우르르 몰려다녔다.
 스위스 산중턱 언덕에는 양들이 풀을 뜯고 있다.

'재네들은 나를 이해할까 몰라?'

 사실 빅뱅이론도 우주의 정확한 기원을 설명해 주지 못한다. 만약에 빅뱅이 있었더라도 그것을 일으킨 원초물질은 어떻게 생겨났으며 엄청난 고밀도의 에너지는 어디서 왔는지 전혀 대답할 수가 없다. 또한 그 원초물질과 에너지가 저절로 생겨났다고 한다면 그것은 에너지 보존법칙에 위배된다. 그렇다면 우주의 기원을 어떻게 설명할 수 있을까?

 스위스의 작은 성당은 높은 천장을 자랑한다. 하늘을 상징하기에 그곳엔 성인들과 천상의 생물들의 모습이 그려져 있다. 우리 인간은 목을 빼어 쳐다봐야만 한다. 그런데도 우리는 저 높은 곳을 이해하기 위해 온갖 애를 써야 하는 게 대단하기도 하면서 애처롭기까지 하다.
 그렇게 스위스 성당을 나오면서 다시 우주가 내게 열렸다. 천상의 메시지라도 받은 양 나는 내가 사는 동네로 내려왔다.

 한가지 해결책으로 제시된 것이 있다. 우주가 팽창하는 것에는 끝이 있다는 것이다. 우주가 팽창을 하다가 어느 한 지점에서 팽창을 멈추고 수축하게 됨으로써 우주가 빅뱅이 일어날 때처럼 한 지점으로 모인다. 그리고 그 지점에서 다시 폭발이 일어나면서 또 다른 빅뱅이 나타나며 우주와 별 은하가 생기게 된다고 하는 모델이다. 이렇게 되면 우주는 무한하게 팽창과 수축 그리고 폭발을 반복하면서 시작과 끝이 없이 영원히 존재할 수 있게 된다.

그럴 듯하게 들릴 수 있겠지만 이 모델에는 문제점이 있다. 열역학 제 2법칙에 따르면, 엔트로피는 시간이 갈수록 증가하여야 한다. 우리가 경험하는 세계에서 모든 전자제품이 고장 나고, 캔이 녹슬며, 생명체가 점점 노화되는 것처럼 우주의 엔트로피가 증가한다는 것은 기존 상태보다 더 불안정해진다는 것을 의미하기 때문이다.

이렇게 우주가 점점 불안정한 상태로 가게 된다면 지금 지구에 생명체가 존재할 수 있는 우주의 상태가 결코 만들어질 수 없다. 현재 밝혀진 바로는 우주의 법칙에 쓰이는 여러 물리 상수들의 미세 조정이 조금이라도 바뀐다면 생명체만 아니라 별들과 은하까지도 없어질 수 있다고 말한다. 따라서 이러한 우주적 모델이 무한하게 반복하고 있다고 가정한다면 현재의 우주는 존재 자체가 불가능하다고 말할 수 있다. 결국 이 모델 역시 우주의 기원을 말해 주지 못한다.

성당의 모자이크화 가운데 유난히 눈에 띄는 인물이 있다. 손가락으로 책을 가리키며 커다란 눈동자로 관람객을 응시하는 성 요한이다. 예수 그리스도의 수난을 이해할 수 없어 최후의 만찬석에서 예수의 품에 머리를 묻고 수난에 대해 물었던 인물이다. 이제 성 요한은 신의 섭리에 관한 의문에 대해 성서를 가리키며 이해하라고 말하는 것 같다. 그 책은 서양철학만 아니라 이슬람 철학의 바탕을 이룬다.

우주의 기원에 관해서는 두 가지 관점에서 볼 수 있는데 하나는 앞서 정리한 과학적 논증이고 또 다른 관점은 철학적 논증이다. 나는 성 요한의 제안을 받아들여 빅뱅이론이 설명할 수 없는 것에 대해 마치 보이지 않는 다리를 건너가는 심정으로 추론 과정을 계속하리라 마음 먹었다.

과연 빅뱅의 너머를 알 수는 없는 것일까? 빅뱅 이론가들은 빅뱅이 일어나게 된 원인 즉 기원을 찾기 위해서 노력하고 있지만 아직까지 별로 성공적인 사례가 없다. 그렇다면 이 문제를 철학적인 관점에서 본다면 어떠할까? 사고와 논리를 이용해 추론하고 해결해 나가는 것이다.

우주의 기원에 대해 철학적인 관점에서 보는 것으로써 이슬람 철학에서 비롯된 칼람의 우주론적 논증이 있다.

칼람 논증에서 알가잘리Algazel는 3단계로 나누어 주장한다.

1단계: 존재하기 시작한 모든 것에는 원인이 있다.
2단계: 우주는 존재하기 시작했다.
3단계: 따라서 우주의 기원에는 원인이 있다.

대전제인 1단계 논증은 직관적으로 생각하면 쉽게 이해할 수 있을 것이다.

절대적인 무 즉 그 어떤 사물, 형태, 에너지 등 아무것도 없는 것으로부터 원자, 원소, 풀 심지어 토끼까지 나타나는 것을 이해하는 사람은 없다. 오히려 그런 절대적 무에서는 그 어떤 것도 나올 수 없다는 것이 직관적인 고찰로 알 수 있다. 또한 우리가 살고 경험하는 세계에서도 직접적으로 대전제를 이해할 수 있다. 실제 세계에서 누군가가 아무 것도 없는 곳에서 어떤 사물이나 물체가 생겨나는 일은 절대로 경험하지 못한다.

예를 들자면 어떤 사람이 자기 방에서 혼자 있는데 갑자기 기린이 방에 나타나는 것은 실제로 경험한 사례가 없다. 과학의 여러 법칙에서도─에너지 보존 법칙 같은 경우에서 볼 수 있듯이─에너지가 갑자기 무로 없어지거나 아니면 반대로 생기는 경우는 없다.

한편, 양자역학에서는 대전제가 틀렸다고 반박한다. 양자가 생겼다가 사라지는 현상은 거꾸로 양자가 무에서 나올 수 있다는 것이라고 주장한다. 하지만 이 이론은 아직 확실한 것은 아니다. 보다 확실한 다른 주장은 양자가 생겨나는 공간이 절대적 무가 아니라는 것이다. 그 공간은 에너지 바다와 같으며 그 에너지가 질량으로 바뀌어 나타난다는 것이다. 그래서 무에서 유가 생기는 것이 아니다. 에너지가 바뀔 뿐이다. 따라서 대전제를 반박하지 못한다.

그 다음 2단계 논증은 우주의 시작이 있었느냐는 질문이다.

앞서 살펴본 바와 같이 아인슈타인의 일반상대성 이론과 허블의 적색편이 정도의 비교를 통해 알 수 있듯이 우주의 팽창을 보여주는 빅뱅 이론으로 우주에는 시작이 있음을 알 수 있다.

결국 우리는 1단계와 2단계에 의해 3단계 결론에 도달한다. 우주는 존재하기 시작하였다. 또 존재하기 시작한 모든 것에는 원인이 있어야 하므로 우주의 시작에 원인은 반드시 있어야 한다.

스위스의 저녁노을은 의외로 밝다. 다채로운 태양빛이 각기 다른 파장에 따라 만년설을 이고 사는 산봉우리를 채색한다.

벌써 짐을 싸서 귀국해야 하는 두 달이 지났다. 순식간에 땅거미는 내가 숙박했던 산채를 집어삼켰다. 코코아 함량 70% 스위스 초콜렛의 진한 여운은 한국에서도 잊지 못할 것 같다.

칼람 논증으로는 우주의 시작의 원인을 모두 설명하기 어렵다. 하지만 존재는 말할 수 있다. 과학으로는 해결할 수 없는 영역이다. 칼람 논증과 같은 철학적 논증이 과학적 이론이나 증거와 일치할 때의 파장은 한동안 나를 그 진한 여운에서 빠져 나오지 못하게 할 것 같다.

앞으로 인문학적 사고와 지식의 함량을 높여야 함을 깊이 깨달은 과학도로서 세상을 이해한다면 언젠가 우리가 지금까지 풀지 못하는 비밀들을 풀 수 있지는 않을까? ❦

***

우리는 "시간 부자"

중고등 학생의 성장기 시간표를 보면 변화무쌍한 프로그램으로 채워져 있다.

- 나머지 10%의 두뇌세포가 완전히 발달한다.
- 성호르몬의 무차별 세례를 통해 두뇌가 리모델링 된다.
- 두뇌의 신경세포에서 사용하지 않는 상당히 많은 시냅스가 소거된다. 이른바 '가지치기'라고 한다.
- 키가 크고 여드름이 나고 간혹 숫기가 없어지고 말수가 줄어들고, 남성/여성됨이 뚜렷하게 나타난다.
- 지적인 욕구와 호기심/논리가 만족스러워야 하고, 추상적인 세계와 피안의 세계 utopia에 대한 동경이 시작된다.
- 국가와 사회에 대한 정의감이 불끈 하는 반면, 자신의 불투명함과 이중적인 도덕성 등 존재에 대한 회의감이 시작된다.

▣ 자신의 정체성을 궁금해 하고, 또래집단 사이에서 비교의식이 중요해지며, 자기 스타일 만들기를 좋아하고, 자기와 공감하는 친구를 찾아 다니며, 이성에 대한 호기심과 더불어 성 역할에 온통 관심을 쏟는다.
▣ 불투명한 미래의 목표를 정해야 한다는 긴장이 시작되고… 등등.

TV로 치면 다큐멘터리에서부터 애니메이션, 방송강좌, 쇼, 스포츠, 드라마, 영화… 등등 해서 성장기 아이의 채널이 갑자기 많아졌다. 호기심 채널이 많아진 게 좋기는 하지만 성인이 된 것도 아니고 또 아이라고 보기엔 너무 커진, 난해한 시기가 무척 당황스럽다.

우리는 이 시기를 '아름다운 사춘기'라고 불렀다.

그리고 아름다운 추억이 남기를 바라며 '시간의 동행'이라는 큰 결정을 하였다. 우리에게는 길지 않은 4년이라는 시간이었다. 이 시기에 함께 동행하는 사람들이 평생 추억으로 남는다는 사실을 안다면 한결 더 충실하게 대할 걸 하는 아쉬움이 언제나 남는다.

시간은 멈추지 않고 빛과 함께 지나가버린다. 그래서 홈스쿨 기간에 함께 있어 주는 시간은 무엇보다 값진 시간이었다. 시간의 우선순위를 우리 교육에 두었던 것은 우리 가족 모두에게 가장 값진 선물을 선사하는 것이었다.

주말에 가족이 다같이 모이는 것,
식사시간을 같이 하는 것,
같이 쇼핑하는 것,
같이 여행하는 것,
같은 책을 읽고 대화하는 것 등,
인생은 함께 여행하는 것이다.
함께 시간의 동행을 한다는 것은 얼핏 쉬워 보이지만, 우선권을 두고 의도적으로 애쓰지 않는다면 대수롭지 않게 물처럼 흘러가 버리는 가장 번거로운 일이기도 하다.

온 가족이 함께 유럽여행을 갔을 때 우리에게 돈이 많은 것도, 자동차가 있는 것도 아니었다.
우리가 가진 것은 시간이었다. 그래서 '시간 부자'라고 하며 걷기 시작했다.
걸어 다니는 곳곳이 관광이었고 눈에 띄는 것이 여행이었다. 그야말로 우린 넉넉한 '시간 부자'였다.
길을 잘못 들어섰다고 초조할 것도 없었고, 경로를 바꿔도 문제 되지 않았다.
볼 시간이 촉박하다고 다그칠 것도 없었다.
가족이 함께 하는 시간이 즐거웠고 좋아하는 걸 함께 즐길 수 있어서 기뻤다.

'시간 부자'가 되니 누구도 부럽지 않았다.

도보 여행에서 터득한 것이 있다. 길에서 길이 연결된다는 것이다.

이 끝에 길이 있을까 의구심이 들어도 끝까지 길을 가면 길에서 길이 연결되는 법이다.

우리 홈스쿨도 마찬가지이다. 처음 시작할 때에는 언제 끝날까, 과연 홈스쿨을 마치고 길이 있을까 하였다. 그런데 홈스쿨을 끝까지 완수했을 때 대학 진학이라는 길이 열렸다. 동생은 원하는 대로 의과대학에 입학할 수 있었다. 그것도 최연소로 들어갔다. 그러나 형은 수능시험에서 수학 문제 하나로 길이 달라졌다. 그래도 형은 이공계 대학에서 최선의 길을 찾자고 하여 KAIST를 선택했다. 그리고 최고점수의 면접평가를 받아서 합격하였다.

가장 좋은 것이 주어진다는 믿음을 가지고 후회 없이 KAIST에서 최선의 인생을 살았다.

인생은 길이다.
길에서 길이 이어진다.

KAIST 3학년 때 서울대 의학전문대학원 소식을 접하고 준비를 시작했다. 만일 형이 의대 진학 실패가 미련에 남아 상심한 가운데 절망 속에서 1, 2학년을 지냈더라면 오늘날 같은 결과가 나오지 않았을 것이다. 1, 2학년, 그 시간만이 아니라 4년 내내 최선을 다한 결과 숨마쿰라우데를 달성하고 서울대 의학전문대학원에 합격하였다. 당시 4년 전만 해도 이공계의 길로만 갈 것 같았는데 갑자기 의사의 길이 열렸다. 뜻밖에 형과 동생의 길이 하나로 합쳐졌다.

끝까지 최선이라 믿고 그 길을 완수한 형을 우리 가족 모두 응원했다.

여행을 통해 '길에서 길이 이어진다'는 배움이 형의 인생길에서 기적같이 재현되었다.

홈스쿨에서 함께 꿈을 키우고 노래를 불렀는데 형제가 나란히 의사가 된 것이다. 그뿐 아니라 둘다 똑같이 서울대학 병원에서 수련을 받고 형은 재활의학과 전문의, 동생은 내과 전문의가 되었다. 군의관을 마친 다음에는 현재 디지털 IT의료 기업 〈메디아크〉를 창업하여 함께 일한다.

홈스쿨은 '시간 부자'를 만들었다.
학교에 가지 않으니 우선 등하교 시간을 벌었다.
야간자율학습도 안 하고 학원도 안 가니 저녁 시간을 벌었다.
월말고사, 중간고사, 기말고사가 없으니 한 학기에 3주간을 벌었다.
별도로 보충수업을 안 하니 방학이 진짜 방학이 되었다.

홈스쿨과 검정고시로 일찍 대학을 들어갔으니 2, 3년 시간을 벌었다.

이제 시간을 벌었으니 유용하게 쓰기만 하면 된다. 천천히 다녀도 되고, 경로를 바꿔도 문제 되지 않고, 시간에 쫓기지 않고 느긋하게 여유를 부려도 기분이 좋다.

우린 '시간 부자'니까!

15세, 중3 나이에 의과대학에 합격한 동생이 대학 생활 시절, 문득 초등학교 시절의 기억 하나를 떠올리며 함께 이야기를 나눈 적이 있다.

초등학교 때 어떤 담임선생님이 동생에게 학급에 있는 어느 부진아 친구의 방학후 학습지도를 맡긴 적이 있었다. 보통 선생님이 해야 하는 것을 동생에게 시킨 것이다. 그때 우리 집은 축령산 자락의 외딴집이어서 학교에서 버스로 30분을 더 들어가야 했다. 그렇지 않아도 학교 끝나고 집에 도착하면 기운이 빠져 한동안 혼자서 재미있는 레고 놀이를 해야만 기분이 풀린다. 더군다나 동생은 혼자만의 즐거움을 충분히 만끽해야 사는 게 재밌다. 그런데 그런 즐거움을 아무런 동의 없이 앗아갈 줄이야.

'선생님이 시키면 뭐든지 하는 거야.'

꼼짝없이 붙잡혀서 한 학기 내내 한 두 시간씩 사는 재미가 사라졌다. 학습 부진 친구가 도망이라도 가면 잡아와야 되고, 잡지 못하면 교실에서 기다렸다 와야 한다. 그러다가 같은 학교 교사인 엄마의 퇴근 시간에 같이 온 적도 있다. 엄마는 아이가 안 됐지만 다른 동료 교사의 교육방침에 이래라저래라 간섭하지 않는 것이 불문률이라 어찌 할 수 없다.

집으로 돌아가는 버스 안에서 엄마가 이야기해 주었다.

"어린 너에게 벌써 가르칠 수 있는 기회를 주다니 선생님이 너를 엄청 믿으시나 보다.

누구도 이런 기회를 갖기 어려울 텐데.

너는 하늘에 시간을 저축하는 거야.

아무 말 없이 친구에게 시간을 내어주니까 말이야.

누군가에게 시간을 봉사하면 그 시간이 하늘에 저축되는 거란다."

그 당시 이 말이 위로가 되었을지 모르겠다. 하지만 5년 뒤, 의과대학을 다닐 때 문득 엄마의 말이 기억 속에서 떠올랐다.

"하늘에 시간을 저축했다는 말, 기억나시나요?

말대로 됐나 봐요. 3년이나 보상을 받았어요."

동생은 남들보다 3년 일찍, 아니 재수, 삼수생보다 4, 5년 일찍 대학 입학을 앞당겼다.

3년 이른 나이는 동생 인생에 절묘하지만 조용하게 쓰였다. 최연소 전공의가 되었고 최연소 전문의 취득자가 되었으며 20대에 펠로우라고 하는 전임의가 되고 박사과정에 진입하였다. 디지털 IT의료 기업을 창업할 때에도 30대 초반에 의사겸 CEO로 남다른 주목을 받고 있다. 하늘에 저축한 시간을 톡톡히 잘 쓰는 셈이다.

'시간 부자'가 따로 없다.

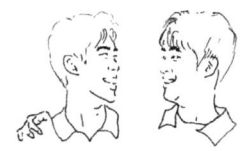